GUIDE
DES SITES
NATURELS
DU QUÉBEC

D1137137

SERGE TANGUAY

ÉDITIONS
MICHEL
QUINTIN

Données de catalogage avant publication (Canada)

Tanguay, Serge
Guide des sites naturels du Québec
Comprend un index
ISBN 2-920438-18-2

1. Centres d'interprétation de la nature - Québec (Province).
2. Réserves naturelles - Québec (Province).
3. Parcs nationaux - Québec (Province). I. Titre

QH77.C35T36 1988   719.3'09714   C88-096226-7

Couverture : Marc Mongeau
Graphisme : Élaine Plourde

© Éditions Michel Quintin, 1988
Dépôt légal, 2e trimestre 1988
Bibliothèque nationale du Québec
Bibliothèque nationale du Canada
ISBN 2-920438-18-2

Ce projet n'aurait pu se rendre à terme sans la compréhension de ma famille et l'aide de tous mes amis. Merci à tous du fond du coeur.

Nos sites naturels constituent des lieux privilégiés: ils sont une richesse collective et représentent la plus belle partie de notre patrimoine géographique. Qu'ils soient parcs nationaux ou provinciaux, refuges d'oiseaux ou sentiers de la nature, réserves fauniques ou de chasse et de pêche, jardins ou arboretum, écomusées ou centres écologiques, centres éducatifs forestiers ou centres de la nature, ils sont parcs de récréation ou parcs de conservation, ils sont parcs d'observation et d'interprétation de la nature. Par leur grand pouvoir d'attraction, tous ces lieux privilégiés deviennent par le fait même des attraits touristiques, pour les Québécois d'abord, et pour nos visiteurs également.

Nous sommes en pleine civilisation des loisirs et l'homme de la fin du 20e siècle prend conscience enfin de l'urgence d'agir et de conserver la nature, de la protéger. Notre environnement constitue à la fois notre plus belle ressource, notre bien-être et notre santé. Le plein air est donc à la portée de tous, mais il faut contrôler son utilisation, son développement. Il faut aussi connaître les lieux où l'on peut en jouir pleinement.

Voilà le grand mérite de l'auteur. Serge Tanguay est certes en amour avec la nature et voudrait que l'on participe régulièrement à cette «grande fête de la nature» qui nous est offerte en toutes saisons et ce, souvent tout près de chez soi. Le GUIDE DES SITES NATURELS DU QUÉBEC est en fait une invitation aux gens à découvrir ces lieux privilégiés où les sciences naturelles s'expriment.

Ainsi, on en apprendra autant des fleurs et des arbres du mont Saint-Hilaire ou du mont Orford, que des fleurs et des arbres de l'île d'Anticosti. On pourra s'émerveiller autant dans le parc du Mont-Royal ou aux îles de Boucherville que dans le parc de la Gatineau ou dans l'archipel Mingan. La nature se moque du kilométrage et des frontières. La nature s'offre à qui veut bien la prendre, et elle rend heureux celui qui sait l'apprivoiser.

Ce livre est aussi une invitation, une incitation au voyage. Alors, sortez vos jumelles et appareils photos, lacez vos meilleurs souliers de marche, trouvez de bonnes cartes routières et partez à la découverte de tous ces espaces verts. Attendez-moi, j'arrive!...

André Bergeron, géographe,
professeur en techniques du tourisme et chroniqueur de voyages

TABLE DES MATIÈRES

9

Introduction

Il y a quelques années, l'avènement de l'ère industrielle permettait à l'homme de prendre ses distances par rapport à la nature. Par un juste retour du balancier, quand ce n'est pas par la force des choses, cette dernière revient au centre de nos préoccupations. L'écologie, l'environnement figurent parmi les grandes questions de l'heure. Mais, plus souvent qu'autrement, ce sont nos loisirs qui effectuent un retour aux sources: plein air, observation des oiseaux, des mammifères, des plantes, des champignons, etc.

Pour sillonner la province et en apprécier les ressources, il manquait un répertoire des sites, un ouvrage décrivant les plus beaux attraits des différentes régions. C'est ce qui a motivé l'auteur à se mettre à la tâche.

Le **Guide des sites naturels du Québec** se veut pratique et facile à consulter. Il vous aidera à planifier vos excursions, vos vacances, vos loisirs de pleine nature. Il présente les plus beaux parcs, réserves fauniques, centres d'interprétation de la nature, sites d'observation et centres d'exposition en sciences naturelles de la province.

Nous avons inventorié pas moins de 200 endroits pour n'en retenir que 95. Non pas que ceux qui sont omis ne soient pas intéressants, mais l'accessibilité, la permanence et les qualités fauniques et esthétiques des sites retenus en font des destinations de premier ordre. Pour chacun d'eux, nous vous présentons les attraits, les services et activités disponibles, leur saison d'activités, la façon de s'y rendre et les adresses pour compléter les informations ou effectuer des réservations.

Dans la seconde partie du livre, vous trouverez des informations sur des sujets d'actualité: l'observation des baleines, des oiseaux, les bases de plein air, les centres de vacances familiales, les bureaux régionaux d'informations touristiques et l'achat des jumelles, outil indispensable pour profiter pleinement de ce que vous offre la nature québécoise.

Comment utiliser le livre

Les sites ont été classés en huit régions touristiques:

1- Outaouais et Abitibi,
2- Montréal et région,
3- Estrie,
4- Coeur du Québec,
5- Québec, Charlevoix et Montmagny,
6- Saguenay — Lac-Saint-Jean,
7- Bas Saint-Laurent, Gaspésie et Îles-de-la-Madeleine,
8- Côte-Nord — Anticosti.

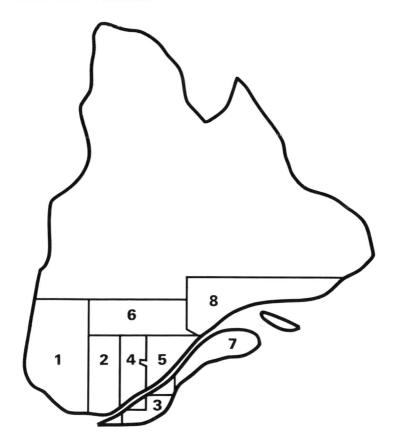

Ces régions ont été placées d'ouest en est, de l'Outaouais à Anticosti. De même, les sites sont présentés d'ouest en est à l'intérieur de leur région respective. La même classification vaut pour les sites mentionnés dans les différentes annexes.

Au début de chacune des régions, nous indiquons sur une carte la situation des sites par rapport aux villes importantes et les routes pour s'y rendre sans problème. Nous avons ajouté des informations sur la disponibilité de quelques services:

ㅠ indique la présence d'une ou de plusieurs haltes routières;

? localise quelques bureaux d'informations touristiques;

✈ indique la présence d'un aéroport régional ou national;

⚘ vous informe sur la présence d'un poste d'observation en bordure de la route.

Les parcs provinciaux, régionaux et les réserves fauniques sont signalés en ombragé. Les lignes continues indiquent les frontières des régions, tandis que les pointillés signifient que la carte ne présente pas toute la région, mais seulement la partie où se situent les sites. Au bas de la page, à droite, la région en entier est présentée en ombragé dans la carte de la province. Une flèche vous indique le nord géographique.

OUTAOUAIS ET ABITIBI

1- Parc de la Gatineau

2- Centre éducatif forestier de l'Outaouais

3- Réserve faunique de Plaisance

4- Réserve faunique Papineau-Labelle

5- Réserve faunique La Vérendrye

6- Parc d'Aiguebelle

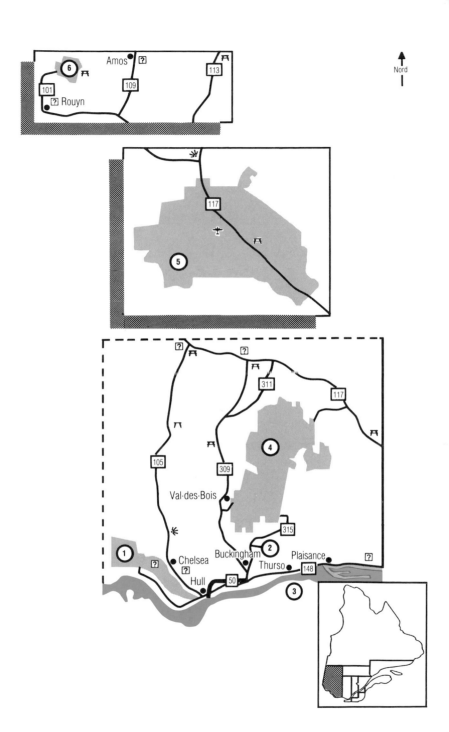

Nord

Amos

113

109

6

101

Rouyn

117

5

311

117

105

309

Val-des-Bois

315

1

4

2

Buckingham

Plaisance

Chelsea

Thurso

Hull

50

148

3

Attraits

Au parc de la Gatineau se côtoient une importante variété d'habitats naturels, tous plus riches les uns que les autres. Cette diversité profite à la faune et à la flore représentées par une multitude d'espèces sur ce territoire de 35 600 hectares. Impressionnant, le panorama est mis en valeur par l'aménagement de belvédères et de sentiers. Ici, on ne traînera pas ses jumelles ou ses lunettes d'approche inutilement. Parmi les animaux que l'on peut observer fréquemment, notons le cerf de Virginie et le castor, qui sont omniprésents. La faune ailée abonde, les rapaces notamment. Les cavernes Lusk, situées au sud du lac Philippe, sont d'excellents endroits pour s'initier à la spéléologie (exploration des grottes). Dans le secteur du lac Philippe, on peut observer des oiseaux plutôt rares comme le viréo à gorge jaune ou la paruline à ailes dorées. Le secteur du lac Fortune, un des plus beaux sites du territoire, est idéal pour l'observation des oiseaux aquatiques comme les canards, les hérons, les râles.

La région appelée l'escarpement d'Eardley est particulière de par sa formation géologique et la présence de certaines espèces végétales que l'on ne retrouve nulle part ailleurs au Québec. Citons, entre autres, le genévrier de Virginie, que l'on appelle en ébénisterie le cèdre rouge.

Services et activités

Interprétation de la nature, sentiers écologiques, pistes cyclables, camping (mai à octobre), camping d'hiver, location d'embarcations, pêche, baignade, ski de fond, raquette, ski alpin, pique-nique. On peut se procurer une carte du parc.

Saison

Ouvert toute l'année, mais il est préférable d'appeler pour connaître les activités possibles lors de votre passage.

Accès

Accès principal par la route 5 jusqu'à Old Chelsea, au nord de Hull, ou par la route 366: l'entrée du parc est située près de Sainte-Cécile-de-Masham.

Coûts   Un droit d'entrée est exigé pour les véhicules
                   de la fin juin au début de septembre aux lacs
                   Philippe, la Pêche et aux stationnements du lac
                   Meech.

Informations   Parc de la Gatineau
                   161, avenue Laurier ouest
                   Ottawa (Ont) K1P 6J6
                   1-800-267-0450 (sans frais)

                   Centre d'accueil d'Old Chelsea
                   (ouvert toute l'année)   (819) 827-2020

                   Centre d'accueil du lac Philippe
                   (ouvert de mai à septembre)   (819) 456-2259

Attraits

Bordé à l'ouest par le Lac Blanche, on pourrait dire de ce territoire qu'il est le pays des grands arbres feuillus, particulièrement des grands chênes rouges. Sur les rives du lac, les arbres cèdent la place aux quenouilles et aux plantes aquatiques, contribuant à la diversification des milieux et des espèces animales. C'est l'endroit idéal pour voir des castors, ou du moins des barrages et des huttes. Le lac est aussi fréquenté par le huard à collier et la loutre de rivière.

Dans la forêt, l'observateur silencieux fait toujours de belles découvertes: grand pic, tangara écarlate, et beaucoup de cerfs de Virginie en été. Ajoutez au menu la lobélie du cardinal, une plante rare, et vous avez là de quoi satisfaire vos cinq sens. En conclusion, on ne passe pas près de ce centre sans s'y arrêter.

Services et activités

Le pavillon d'interprétation sert à la fois de poste d'accueil et de salle d'exposition, de projection et de rencontre de groupes. Quatre sentiers écologiques et un sentier de randonnée pédestre parcourent les régions les plus attrayantes du territoire. Ils totalisent 7 km, le plus court étant de 500 mètres et le plus long de 2,1 km. Des visites guidées et des activités thématiques sont offertes au grand public. Des programmes spéciaux ont été préparés pour les groupes scolaires.

Saison

Le pavillon ouvre ses portes de mai à octobre, sept jours par semaine. À voir absolument en automne lorsque les feuilles sont de mille et une couleurs. Les amateurs de fleurs printanières aimeront marcher les sentiers en mai car plusieurs espèces sont abondantes: trille blanc, trille rouge, violette, amélanchier.

Lobélie du Cardinal

Accès   A 18 km au nord de Buckingham sur la route
             315 ou, si vous préférez, à 55 km à l'ouest de
             Hull.

Coûts   La majorité des services sont gratuits mais
             certains accès et stationnements peuvent être
             tarifés.

Informations   CEF de l'Outaouais
                    C.P. 60
                    Buckingham (Qc) J8L 1X2
                    (819)986-2183 ou 770-3487 (bureau permanent)

RÉSERVE FAUNIQUE DE PLAISANCE

Attraits

Site intéressant pour l'observation printanière de la bernache du Canada qui s'y rassemble en grand nombre — plus de 35 000. Afin de souligner l'événement qui a lieu la première semaine de mai, on a créé un festival. Des sentiers écologiques facilitent l'observation. En été, on verra facilement de grands hérons, des canards nicheurs comme les sarcelles à ailes bleues et des canards branchus, des grands-ducs, des râles, des grèbes à bec bigarré, des poules d'eau et des troglodytes des marais. Les râles viendront tout près des personnes qui sont capables d'imiter leur chant.

Services et activités

Camping provincial, deux sentiers écologiques donnent accès au marécage, tour d'observation, passerelles flottantes, caches d'observation, canotage, planche à voile, piste cyclable, pêche, chasse à la sauvagine, location d'embarcations.

Saison

En mai et juin, la réserve ouvre ses portes les fins de semaine. De juillet à septembre, elle est ouverte sept jours par semaine. Les mois de mai, juin, septembre et octobre sont à privilégier pour les excursions ornithologiques.

Accès

Par la route 148 qui mène à Hull.

Coûts

La location d'embarcations et le camping sont tarifés, mais l'accès aux sentiers est gratuit.

Informations

Réserve de Plaisance
C.P. 69
Plaisance (Qc) J0V 1S0
(819) 427-6974

Famille d'orignaux

RÉSERVE FAUNIQUE DE PAPINEAU-LABELLE

Attraits

Cette région fort connue des amateurs de canot-camping mérite un arrêt prolongé pour ses qualités panoramiques. Une randonnée au sommet du mont Devlin vous en convaincra. Tous les plans d'eau sont accessibles et un circuit de plus de 100 km de rivières permettra aux plus téméraires d'explorer l'arrière-pays.

C'est le royaume des parulines. On compte en effet 20 espèces nicheuses dont la paruline à collier, la paruline tigrée, la paruline à tête cendrée. Le tangara écarlate et le pic à dos noir sont aussi des espèces que les amateurs pourront reconnaître. L'ours noir et l'orignal sont d'autres habitants du parc observés à l'occasion par les visiteurs. Le castor est omniprésent.

Services et activités

Des quatre campings, le plus beau est sans contredit celui du lac Écho. Plusieurs sentiers permettent d'accéder aux plus beaux attraits géographiques du territoire. Le canotage, le canot-camping, la pêche, la chasse, la voile et le ski de randonnée comptent parmi les activités qui vous sont offertes Enfin, les amateurs de plongée sous-marine pourront profiter de plusieurs plans d'eau.

Saison

La réserve est ouverte toute l'année, mais gare aux moustiques, du début juin à la mi-juillet.

Accès

Il est préférable d'accéder à la réserve au nord de Val-des-Bois , par l'entrée située sur la route 309, à cause de son poste d'accueil permanent.

Coûts

Les terrains de camping et les locations de canots exigent des déboursés mais l'accès au territoire est gratuit.

Informations

Réserve Papineau-Labelle
C.P. 100
Val-des-Bois (Qc) J0X 3C0
(819) 454-2013

Attraits

Ce que je retiens de ce lieu, c'est le sentiment d'isolation et de précarité de la condition humaine que nous ressentons tous lorsque nous réalisons que nous sommes sur l'un des 4000 plans d'eau d'un territoire si vaste qu'en Europe il s'agirait d'un pays. Tout ça à 300 km de Montréal. Il ne faut pas se surprendre si le contact avec la faune y est si facile. Si vous n'avez jamais vu d'orignal, vous en verrez probablement un à La Vérendrye. Si vous aimez les oiseaux, vous apercevrez assurément des tétras et des geais du Canada, des mésanges à tête brune et au moins un balbuzard (aigle pêcheur). Les plus favorisés pourront même se vanter d'avoir observé un pygargue (aigle) à tête blanche et des sternes pierregarins sur le réservoir Cabonga.

S'il nous fallait suggérer un emblème aviaire pour cet immense parc, le huart à collier serait vite choisi. On le trouve partout et son chant agrémente les veillées auprès des feux de camp. Vous ne ferez pas que l'entendre, vous le verrez. Les autres animaux que l'on observe fréquemment sont: l'ours noir, le castor, la paruline obscure, le roitelet à couronne dorée et le pic à dos noir.

Services et activités

Plusieurs modes d'hébergement vous sont offerts, du simple emplacement de camping jusqu'à la chambre d'hôtel, en passant par la location de chalets. Le canot-camping est largement favorisé grâce à 800 km de circuits. Un sentier d'interprétation d'un kilomètre, des sentiers de randonnées totalisant trois kilomètres, le canotage, la pêche, la chasse, la planche à voile et le ski de randonnée hors-piste sont les autres activités inscrites au programme.

Saison   La réserve est ouverte toute l'année, mais le mois d'août est le plus propice pour des vacances de détente. Les mois de juin et de juillet obligent les visiteurs à se munir d'un bon insecticide. L'hiver, les activités sont peu nombreuses.

Accès   Par la route 117 à partir de Grands-Remous ou de l'autoroute des Laurentides.

Coûts   L'accès aux réserves est gratuit, mais les locations exigent des déboursés.

Informations   Réserve de La Vérendrye
                    R.R.1
                    Montcerf (Qc) J0N 1N0
                    (819) 438-2017 ou 435-2216, entrée sud et 736-2332, entrée nord.

MER

Barrage de castor

Hutte de castor

Attraits

L'Abitibi a aussi son parc caractéristique de la région: jeunes peuplements forestiers formés de peupliers faux-trembles, de pins gris, de sapins, de mélèzes et d'érables rouges (qui est à sa limite nord de son aire de distribution); relief valonné, parsemé de plusieurs petits lacs et de rivières. Sans paysage vraiment exceptionnel, le parc est très attrayant pour la faune qu'il abrite: nombreux orignaux, castors (650 barrages), gélinottes huppées, gélinottes à queue fine, tétras des savanes. Tous ces animaux sont faciles à observer pour ceux et celles qui se permettront des intrusions dans les collines Abijévis, les plus imposantes de la région. Quelques personnes pourront ajouter à la liste de leurs observations les mammifères suivants: renards, lynx du Canada, loutres, visons, martres. Chez les oiseaux, les espèces les plus intéressantes sont: le grand corbeau, le pic maculé, le roitelet à couronne rubis, le tangara écarlate et plusieurs espèces de parulines et de viréos.

Prévoyez un minimum de deux à trois jours pour explorer les plus beaux endroits du territoire, les îles du lac Lois par exemple.

Services et activités

On retrouve dans ce parc la plupart des activités importantes pour l'exploration de la nature: interprétation de la nature dans 7,2 km de sentiers et un service de naturaliste en été, 30,8 km de sentiers de randonnée pédestre, exploration sous-marine sur les lacs La Haie et Sault, canotage, pêche à la journée, planche à voile, plage, sentiers de raquette, 32 km de sentiers de ski de randonnée et 18 km de sentiers de longues randonnées pour les skieurs expérimentés. Des services de location de canots, de chaloupes et de pédalos dépanneront les personnes qui voudront profiter de ces activités. Enfin, deux campings aménagés sont disponibles.

Saison   Le parc est ouvert toute l'année. Le mois d'août
                      est particulièrement intéressant pour les
                      vacanciers, car les insectes piqueurs sont moins
                      nombreux.

Accès   Accédez aux postes d'accueil par la route 101
                      en vous dirigeant vers Mont-Brun ou en
                      empruntant la route de Destor. Un troisième
                      poste d'accueil est situé sur la route 111, près
                      de Taschereau.

Coûts   L'accès est gratuit mais plusieurs services
                      exigent des déboursés.

Informations   Parc d'Aiguebelle
                      180, boulevard Rideau
                      Noranda (Qc) J9X 1N9
                      (819) 762-8154

MONTRÉAL ET RÉGION

1- Parc du Mont-Tremblant
2- Centre éducatif forestier des Laurentides
3- Parc Paul Sauvé
4- Centre éducatif forestier Bois-de-Belle-Rivière
5- Parc archéologique de Pointe-du-Buisson
6- Centre de recherches Macdonald sur les rapaces
7- Arboretum Morgan
8- Parc du Bois-de-Saraguay
9- Parc Summit
10- Île des Soeurs
11- Parc de l'Île de la Visitation
12- Parc du Mont-Royal
13- Jardin Botanique
14- Parc des Îles de Boucherville
15- Parc du mont Saint-Bruno
16- Centre écologique du mont Saint-Hilaire
17- Centre écologique du mont Saint-Grégoire

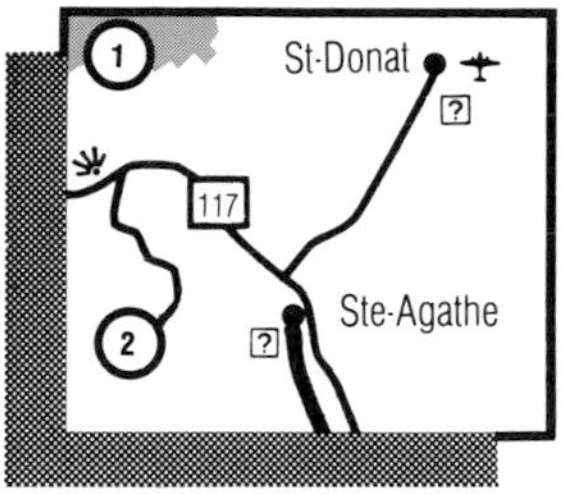
1
St-Donat
117
2
Ste-Agathe

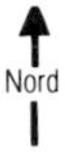
Nord

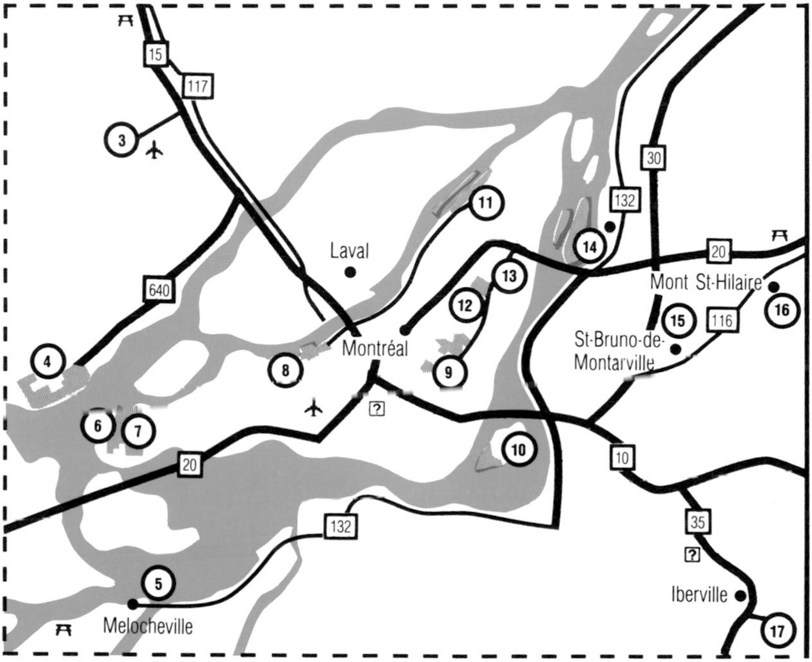
15
117
3
30
132
11
Laval
14
20
640
13
Mont St-Hilaire
12
15
116
16
4
Montréal
St-Bruno-de-
Montarville
8
9
6
7
10
20
10
132
35
5
Iberville
Melocheville
17

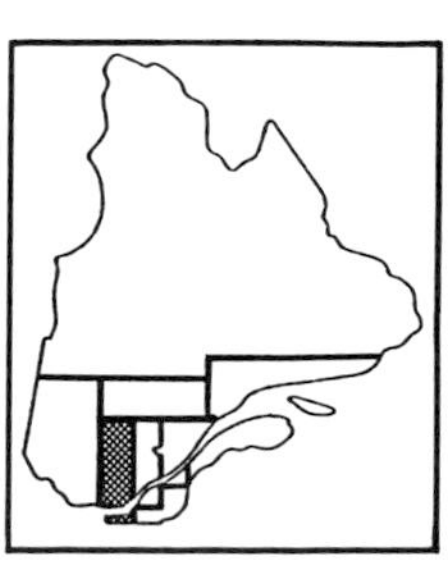

Attraits

Les ruisseaux qui s'écoulent du sommet de ce que nous appelons le Mont Tremblant et qui émettent des bruits étranges lorsqu'on les écoute allongé sur le sol, ont inspiré aux Algonquins l'appellation de «Manitonga Soutana», ce qui veut dire «Montagne des Esprits». Environ 380 lacs et une multitude de petits cours d'eau parsèment ce territoire de 124 800 hectares formé de montagnes et de vallées. Ne manquez pas une visite à la chute du Diable, un des endroits les plus pittoresques du parc. Sur cette toile de fond, les érablières, les cédrières, les bétulaies et les sapinières abritent quantité d'animaux. Les plus visibles sont les écureuils et les lièvres, mais les «lève-tôt» peuvent facilement apercevoir des orignaux et des ours noirs.

Près de 193 espèces d'oiseaux ont été recensées dans ce territoire, dont la gélinotte huppée, le tétras du Canada, le pic à dos noir, la mésange à tête brune, le geai du Canada et plusieurs espèces de parulines (fauvettes). L'étendue de milieux humides attire aussi les oiseaux aquatiques nicheurs comme le grand héron; en période de migration automnale, la bernache du Canada (outarde) s'y arrête en grand nombre. On a signalé la présence d'au moins 36 espèces de poissons dans les eaux du parc.

Services et activités

Accueil permanent, sites d'observation, interprétation de la nature, sentiers écologiques, canot-camping et de randonnée, vélo de montagne, sentiers de longues randonnées, sentiers équestres, camping, pêche à la journée, planche à voile, location d'embarcations, baignade, chalets, auberge, sentiers de motoneige, ski alpin et de randonnée, dépanneur, télésiège et croisière sur le lac Tremblant.

Que demander de plus! C'est l'endroit idéal pour des vacances en pleine nature. Les campings figurent parmi les plus beaux du Québec. Un nombre important de brochures et de dépliants décrivent les activités du parc; ils sont disponibles sur demande.

Saison	Ouvert toute l'année; les activités estivales sont offertes entre le 15 mai et le début d'octobre.
Accès	Il existe trois accès principaux avec service d'accueil et d'enregistrement:
	par la route 117 (Saint-Faustin); suivre les indications qui mènent au Lac Supérieur et à la vallée du Diable;
	par la route 125, en passant par Saint-Donat;
	en passant par Saint-Côme et en poursuivant sur la route 343 vers le nord.
Coûts	L'accès au parc est gratuit, mais la plupart des activités avec service exigent des déboursés variables. La balade en télésiège (20 minutes) est offerte par la Station Mont-Tremblant et les billets sont disponibles à la réception de l'hôtel (téléphonez sans frais: 1-800-425-8711). La croisière est offerte par Croisière Lac Tremblant: (819) 425-7692.
Informations	Parc du Mont-Tremblant C.P. 129 731, chemin de la Pisciculture Saint-Faustin (Qc) J0T 2G0
	Téléphones aux postes d'accueil: La Diable (Saint-Faustin) (819) 688-2281 Le Pimbina (Saint-Donat) (819) 424-2954 L'Assomption (Saint-Côme) (514) 883-1291

Attraits

Le CEF des Laurentides fait honneur à cette région touristique connue de toute l'Amérique. Les 13,7 km de sentiers aménagés vous mènent à travers lacs et coteaux jusqu'au plus beau panorama du site, d'où l'on aperçoit les quatre lacs du centre et le massif du Mont-Tremblant.

Vous êtes pressé, mais avez envie d'une courte randonnée? Suivez «Le Rétréci», long d'un kilomètre seulement mais spectaculaire au printemps parce qu'il vous permet d'observer le frai des achigans. À l'automne, ce sont les ombles de fontaine (truites mouchetées) qui utilisent la frayère. «L'aquatique» est aussi un merveilleux sentier pour ceux qui aiment les milieux humides, les marécages. En vedette: la sarracénie pourpre et le droséra, deux plantes carnivores. Le plus long sentier est considéré par nombre de connaisseurs comme le plus beau. C'est sûrement le plus sauvage et il ceinture le lac du Cordon sur cinq kilomètres. Deux barrages trahissent la présence du castor.

André Cyr

Plante carnivore (droséra)

MER

Enfin, «La Sapinière» pénètre au coeur d'une forêt de conifères fréquentée par le lièvre et l'orignal. Faute d'apercevoir le roi de nos forêts, vous pourrez au moins remarquer des signes de son passage: pistes, fumier, rameaux étêtés. Plusieurs autres animaux sont fréquemment observés sur le territoire du Centre : le porc-épic, le tamia, l'écureuil roux, la gélinotte huppée, le huard à collier, le tangara écarlate, la petite buse, les grives et plusieurs espèces de parulines et de bruants.

Services et activités

Accueil au pavillon. Interprétation de la nature, sentiers écologiques (dont un sentier accessible aux personnes en fauteuil roulant), exposition sur la forêt, jeux éducatifs, projections audiovisuelles, visites guidées et programmes spéciaux pour les groupes scolaires complètent la liste des activités qui vous sont offertes.

Saison

Ouvert toute l'année mais, entre novembre et mars, il est préférable d'appeler avant de se rendre sur place afin de connaître les jours d'ouverture.

Accès

Le centre est situé à 18 km au nord-ouest de Sainte-Agathe, à la sortie 83 de l'autoroute des Laurentides. Emprunter ensuite le chemin des Lacs, puis le chemin du lac Caribou jusqu'au pavillon.

Coûts

Services et activités sont gratuits.

Informations

CEF des Laurentides
C.P. 390
Lac du Cordon
Saint-Faustin (Qc) J0T 2G0
(819) 326-1606 (en été) ou 425-3731
(bureau permanent)

Attraits

Installé au bord du lac des Deux-Montagnes, le parc Paul-Sauvé est un petit territoire de 1800 hectares peuplé d'érables à sucre, d'érables argentés, de chênes rouges et de pins blancs. Il est unique dans la région montréalaise pour sa héronnière et la grande diversité de ses oiseaux: un peu plus de 180 espèces y ont été recensées dont le merle bleu de l'est, qui fait l'objet d'un programme de réimplantation.

Les visiteurs peuvent apercevoir à l'occasion des ratons laveurs, des belettes à longue queue ou, plus souvent, des écureuils gris et des marmottes. Mais la visite du parc n'est complète que lorsqu'on a pris le temps de l'explorer en canot pour y découvrir toute la richesse de sa flore et de sa faune aquatiques.

Services et activités

Interprétation de la nature, sentiers écologiques et de moyenne randonnée, pistes cyclables, baignade, pêche sous la glace, ski de fond, raquette, location d'embarcations, de bicyclettes, location de skis de fond; aires de pique-nique, planche à voile, camping individuel et de groupe (été et hiver), casse-croûte et dépanneur, débarcadère pour canot et petit voilier.

N.B.: Les pistes de ski de fond numéros 1, 2 et 3 sont les plus propices à l'observation des oiseaux d'hiver.

Saison

Le parc est ouvert toute l'année avec des périodes d'activité intense de mai à septembre et de décembre à mars.

Accès

Principalement par l'autoroute 640, à 50 km à l'ouest de Montréal, ou par la route 344 en provenance de Saint-Eustache.

Coûts

Été comme hiver, des frais de stationnement sont perçus aux principaux centres d'activités.

Informations

Parc Paul-Sauvé
C.P. 447
Oka (Qc) J0N 1E0
(514) 479-8337

Grand Héron

Michel Quintin

Héronnière

Attraits

Une promenade dans un jardin forestier, voilà une idée originale que vous offre le Centre éducatif forestier de Bois-de-Belle-Rivière. Le Centre est très connu pour la beauté de son paysage, surtout au printemps, lorsque les fleurs envahissent l'érablière. Juste avant leur apparition, vous pouvez circuler dans les sentiers en carriole à chevaux. Il vous conduisent à la cabane à sucre d'antan où, pendant que vous dégustez de la tire, des naturalistes vous font connaître les mystères de l'eau d'érable. Bois-de-Belle-Rivière change à chaque saison, qualité des grandes érablières. Il demeure donc un endroit à visiter et à revisiter. A l'intérieur du centre d'accueil, on a aménagé une exposition sur la forêt. A l'extérieur, la nature s'est chargée d'agrémenter l'exposition d'exemples concrets. On y retrouve la plupart des espèces d'arbres du Québec.

Services et activités

Le Centre entretient 8 kilomètres de sentiers, une tour d'observation, un jardin ornemental et des bâtiments comme Le Refuge, qui constitue une halte éducative pour le randonneur intéressé. En hiver, on s'y déplace en raquettes ou à pied. Que vous viviez dans la région ou que vous y soyez de passage, surveillez le calendrier des activités, disponible au printemps, et n'hésitez pas à participer aux causeries et aux randonnées guidées, car elles sont bien organisées et pleines de surprises.

Saison

Ouvert de février à novembre.

Accès

Après la sortie 35 de l'autoroute 15, empruntez le boulevard Mirabel jusqu'à la route 148, direction sud.

Coûts

Seules les balades en carriole et les parties de sucre sont tarifées.

Informations

Bois-de-Belle-Rivière
9009, route 148
Sainte-Scholastique (Qc) J0N 1S0
(514) 258-3433

Attraits

À Pointe-du-Buisson, on effectue des recherches archéologiques de la fin juillet au début de septembre. Elles ont pour but d'arriver à mieux comprendre les moeurs et les habitudes des peuplades amérindiennes qui ont vécu là autrefois. Des sentiers écologiques donnent accès aux lieux des fouilles. Cinq milieux différents caractérisent le parc: le marais, les effleurements de grès et de potsdam, la prairie, la forêt et le fleuve. On y rencontre particulièrement un champignon très rare, le galerine de Well et d'autres, peu abondants, comme le psatyrelle à chapeau épineux et le chromocréopside cubispore.

Services et activités

Le parc possède un centre d'accueil moderne, équipé d'un laboratoire archéologique, d'une salle d'exposition et d'une salle de projections audiovisuelles. Il offre quatre sentiers écologiques aménagés, des visites guidées, des causeries, des conférences, un comptoir de vente de livres spécialisés et de souvenirs, un kiosque à rafraîchissements et une aire de pique-nique. Le site est accessible aux personnes en fauteuil roulant. Ski de randonnée, visites guidées pour les groupes et programmes culturels spéciaux figurent à l'horaire pendant la saison froide.

Saison

Ouvert de la mi-mai à la mi-octobre, de 9 h à 20 h. Le pavillon ferme à 18 h. Pour les services d'hiver, il faut communiquer avec les autorités du parc.

Accès

Accessible de Montréal et de Valleyfield par les autobus Auger, à partir de la station de métro Angrignon. Les automobilistes se rendent à Melocheville par la route 132 et empruntent la rue Émond.

Coûts

L'entrée est tarifée. Les enfants et les groupes profitent de tarifs spéciaux.

Informations

Parc de la Pointe-du-Buisson
333, rue Émond
Melocheville (Qc) J0S 1J0
(514) 429-7857

CENTRE DE RECHERCHES MACDONALD SUR LES RAPACES

Attraits

Afin d'aider au repeuplement des populations de faucons pèlerins de l'est de l'Amérique du Nord, un fauconnier et des professeurs fondent en 1972 ce centre spécialisé. Plus tard, ils diversifient leurs objectifs et le centre devient une station de recherches sur la biologie et l'aménagement des oiseaux de proie. Le CRM possède une colonie de 300 oiseaux comprenant petits et gros faucons, différentes espèces de buses, des aigles et des hiboux. De plus, plusieurs projets de recherches en cours vous permettront de côtoyer des spécialistes et de comprendre comment ils travaillent.

Si vous êtes comme moi, voir des rapaces en cage n'est pas un spectacle que vous apprécierez au plus haut point, mais lorsqu'on vous aura expliqué les objectifs du centre et le travail qu'on y accomplit, vous serez en mesure de comprendre l'importance de cette initiative. Une visite au CRM devient une contribution volontaire pour le soutien d'un organisme unique au Québec.

Services et activités

Il est possible de visiter les installations et les volières avec un guide; téléphonez pour réserver ou pour connaître les activités offertes lors de votre passage. Clubs et associations peuvent inviter des conférenciers qui, dépendant du contexte, illustrent leurs exposés à l'aide de rapaces vivants.

Saison

Le centre est ouvert toute l'année.

Accès

Le CRM est situé à Sainte-Anne-de-Bellevue, au 21 111 Lakeshore Road, sur le campus de l'Université McGill.

Coûts

Entrée à prix modique.

Informations

Centre de recherches Macdonald
21 111, Lakeshore Road
Sainte-Anne-de-Bellevue (Qc) H9X 1C0
(514) 398-7929

Grand Duc

Attraits

L'Arboretum Morgan est d'abord et avant tout un site pour les botanistes amateurs; on y retrouve 530 espèces végétales, dont une collection de 170 espèces d'arbres rustiques et originaires du Canada. En fait, ce sont presque tous les arbres indigènes du pays que l'on peut observer dans ce parc. Le terrain plat compte quelques étangs assez importants pour soutenir une population d'oiseaux nicheurs d'environ 83 espèces. A ceux-ci s'ajoutent quelques mammifères communs. Le lapin à queue blanche y est particulièrement abondant.

Services et activités

Sentiers écologiques, interprétation de la nature pour les groupes en été, ski de randonnée, raquette, équitation.

Saison

Ouvert toute l'année.

Accès

Prenez la sortie 41 de la Transcanadienne et empruntez le chemin Sainte-Marie est.

Coûts

L'entrée est payante, à moins que vous ne soyez membre.

Informations

Arboretum Morgan
C.P. 500
Sainte-Anne-de-Bellevue (Qc) H9X 1C0
(514) 457-2000 poste 250 ou 398-7812
(centre de conservation).

PARC DU BOIS-DE-SARAGUAY

Attraits
Voici 97 hectares d'arbres, d'arbustes, de milieux humides et de clairières: un véritable sanctuaire dans la région montréalaise. Parmi les nombreux végétaux peuplant le parc, neuf espèces sont considérées comme rares au Québec: l'érable noir, le chêne bicolore, le nymphéa tubéreux, le micocoulier occidental, l'athyrium à sores denses, le carex à feuilles poilues, le carex massette, le carex rayonnant et la dentaire laciniée. Il va sans dire que le secteur s'adresse aux botanistes d'abord, mais les ornithologues amateurs ne seront pas en reste puisqu'une population de 65 espèces d'oiseaux nicheurs et autant d'oiseaux migrateurs fréquentent le territoire.

Services et activités
Randonnée pédestre et ski de fond.

Saison
Ouvert toute l'année.

Accès
Par le boulevard Gouin ou par les transports en commun à partir de la station de métro Henri-Bourassa.

Coûts
Accès gratuit.

Informations
Service de la planification du territoire de la Communauté Urbaine de Montréal
2, Complexe Desjardins, C.P. 129
Montréal (Qc) H5B 1E6
(514) 280-6700

PARC SUMMIT

Attraits

Sanctuaire de prédilection pour observer des oiseaux à Montréal. Le parc est particulièrement intéressant au printemps, lorsqu'on peut y apercevoir plusieurs espèces de parulines (fauvettes): à ailes dorées, à capuchon, vermivores, à ailes bleues, azurées, orangées, etc.

Services et activités

Randonnée pédestre.

Saison

De la mi-avril à la fin de juin, mais la fréquentation optimum a lieu du 15 au 25 mai.

Accès

Rendez-vous au stationnement du parc Summit, par l'avenue Belvédère, dans Westmount.

Coûts

Gratuit.

Informations

Service de la planification du territoire de la Communauté Urbaine de Montréal
2, Complexe Desjardins, C.P. 129
Montréal (Qc) H5B 1E6
(514) 280-6700

ÎLE DES SOEURS

Attraits
Boisé de 28 hectares où l'on a déjà observé près de 250 espèces d'oiseaux au cours d'une année. Une colonie très importante d'hirondelles à front blanc habite l'île pendant l'été. L'hiver, plusieurs strigidés dont le harfang des neiges, la chouette cendrée et le hibou des marais y séjournent plus ou moins brièvement. Un important rassemblement hivernal de perdrix grises a déjà été observé.

Services et activités
Stationnement et quelques petits chemins servant de sentiers.

Saison
L'hiver, les oiseaux se concentrent dans le boisé qui devient très animé. Les migrations printanières amènent plusieurs espèces à s'arrêter dans l'île. La nidification estivale peut aussi se révéler intéressante pour les habitués.

Accès
Sur le pont Champlain, vous empruntez le boulevard Île-des-Soeurs jusqu'au bout, où se trouve un petit stationnement.

Coûts
Aucun.

Informations
Il n'y a pas d'organisation responsable de ce territoire. Les clubs d'ornithologues amateurs de la région seront en mesure de vous fournir nombre d'informations sur les oiseaux de l'île.

PARC DE L'ÎLE DE LA VISITATION

Attraits

Site ornithologique intéressant situé dans la région de Montréal. On y a dénombré 122 espèces d'oiseaux au cours d'une année. C'est surtout la présence de nombreux oiseaux aquatiques au printemps et à l'automne qui motive un déplacement vers l'île. Plusieurs canards, des bernaches et quelques espèces d'oiseaux de rivage sont facilement observables à ces moments de l'année. Une espèce végétale rare, le micocoulier occidental, pousse sur l'île. Si vous résidez dans la région montréalaise et que vous aimez les oiseaux, ce site très accessible est pour vous!

Services et activités

Randonnée pédestre, pêche, canot-kayak, pique-nique, piste cyclable, ski de randonnée, raquette, toboggan et patinage.

Saison

Ouvert toute l'année.

Accès

Par le boulevard Gouin est, dans le nord de l'île de Montréal.

Par autobus: lignes Papineau, Saint-Michel et Henri-Bourassa.

Par la piste cyclable Ahuntsic.

Coûts

Accès gratuit.

Informations

Service de la planification du territoire de la Communauté Urbaine de Montréal
2, Complexe Desjardins, C.P. 129
Montréal (Qc) H5B 1E6
(514) 280-6700

Attraits

«La Montagne» des Montréalais est un vaste parc urbain de 200 hectares, qui s'élève à 214 mètres au-dessus du niveau du fleuve. On y retrouve 60 espèces d'arbres et au-delà de 500 espèces de plantes herbacées. Celles-ci se révèlent dans toute leur splendeur en mai, lorsque la montagne prend l'allure d'un gigantesque bouquet de trilles et de fleurs printanières. Le Mont-Royal, c'est aussi 150 espèces d'oiseaux dont plusieurs parulines (fauvettes). En hiver, des mangeoires attirent les oiseaux près des zones fréquentées par les promeneurs. Les Montréalais férus de loisirs scientifiques reliés à la botanique et à l'ornithologie trouvent sur le Mont-Royal toutes les espèces végétales et aviaires normalement présentes dans nos milieux urbains et péri-urbains auxquelles s'ajoutent plusieurs espèces importées qui se sont installées tant bien que mal dans la montagne.

Services et activités

Le Centre de la Montagne offre des services d'interprétation de la nature pour les groupes et les individus: causeries, visites guidées, expositions dans le Grand Chalet. Il a de plus conçu un guide d'auto-interprétation à l'intention des visiteurs désireux de découvrir à leur rythme la vraie nature de la montagne. Attention à l'herbe à puce.

Saison

Accessible toute l'année, mais je vous conseille d'appeler d'avance pour connaître le programme des activités.

Accès

Par la route, en empruntant le chemin Camillien-Houde jusqu'au stationnement, puis par la voie pavée qui mène au belvédère.

Par autobus: de l'est par l'autobus 11, ou de l'ouest par l'autobus 165, puis le 11 jusqu'au Musée de la chasse et de la nature.

Jeunes merles

Coûts Entrée gratuite, de même que la plupart des activités.

Informations Le Centre de la Montagne
C.P. 86
Succursale E
Montréal (Qc) H2T 3A5
(514) 844-4928

Merle d'Amérique

Attraits

Nul n'est besoin de vous présenter le prestigieux Jardin botanique de Montréal. Troisième en importance au monde, il a une très grande renommée. Ses collections de plantes comptent environ 26 000 espèces, dont certaines sont uniques, comme la collection de bonsaïs et celle d'orchidées.

Mais saviez-vous que le jardin botanique de Montréal est en train de se tailler une réputation d'endroit exceptionnel pour l'observation des oiseaux d'hiver? Quelques dizaines de postes d'alimentation ont été installés dans les sentiers et ils attirent jaseurs boréals, durs-becs des pins, perdrix grises, pics chevelus et pics mineurs, sizerins flammés, sitelles à poitrine rousse, sitelles à poitrine blanche, mésanges, gros-becs, mais aussi des espèces hivernales plus rares comme le merle d'Amérique, le grimpereau brun, le Dickcissel et le moqueur polyglotte. Ouf! Vous vouliez un endroit accessible pour apprendre à reconnaître vos oiseaux d'hiver, ne cherchez plus. Allez au jardin botanique. Enfin, l'insectarium de Montréal est sur le territoire du jardin, une autre bonne raison de le visiter plus souvent.

Services et activités

Les services d'animation du jardin botanique (SAJIB) organisent plusieurs activités tout au long de l'année. Appelez pour connaître les activités à venir. Les services de cafétéria et d'information sont aussi disponibles aux heures d'ouverture des serres, soit de 9 h à 18 h tous les jours.

Saison

Ouvert toute l'année.

Accès

L'entrée du jardin est située au 4101 de la rue Sherbrooke est. Vous pouvez aussi vous y rendre par le métro jusqu'à la station Pie IX.

Coûts

L'accès aux jardins est tarifé ainsi que l'entrée aux serres.

Informations

Jardin Botanique de Montréal
4101, rue Sherbrooke est
Montréal (Qc) (514) 872-1400

Attraits

Constitué d'une dizaine d'îles, le parc attire de nombreuses espèces d'oiseaux en été et en automne. Dans les zones marécageuses de l'île Saint-Jean, les canards noirs, les pilets, les sarcelles, les bécassines et les hiboux des marais nichent dans les herbiers. Dans le boisé de l'île Grosbois, ce sont les parulines, les moqueurs-chats et même les tangaras qui trouvent refuge. Enfin, les nombreux champs servent de pouponnières aux fameux oiseaux noirs (carouges, étourneaux, mainates) et à quelques espèces plus exotiques comme le bruant des prés et le bruant chanteur. Le harfang des neiges est un visiteur hivernal. Parmi les mammifères présents dans le parc, le plus observé est sans contredit le rat musqué. Le vison, le renard roux et le raton laveur, quoique recensés, sont cependant plus difficiles à observer. Le secteur du fleuve cache une faune ichtyologique extrêmement diversifiée, avec quelque 60 espèces de poissons inventoriées: brochet, perchaude, achigan, doré, barbotte, etc.

Situé sur l'île Grosbois, le seul vrai boisé de l'archipel occupe une superficie de 18 hectares. Il est composé principalement de frêne rouge, d'érable argenté et de tilleul. L'ariséma dragon est une plante rare au Québec, mais on la retrouve dans ce secteur. La flore aquatique et des rivages est très variée, surtout dans les chenaux.

Services et activités

Accueil (sur l'île Grosbois), interprétation de la nature, sentiers écologiques, sentiers de randonnée, pêche (été et hiver), ski de fond, location d'embarcations, location de bicyclettes, aire de pique-nique, casse-croûte, canotage (avec possibilité d'auto-interprétation), pistes cyclables (22 km avec possibilité d'auto-interprétation).

Saison

Le parc est ouvert toute l'année, mais les mois de mai à octobre, de janvier et de février sont les plus beaux et les plus riches en activités.

Tangara écarlate

Grenouille verte

Accès	En auto: sortie 89 de l'autoroute 20, près du tunnel Louis-Hippolyte -Lafontaine.
	En bateau-passeur: entre le quai de Montarville (Boucherville) et l'île Grosbois, du jeudi au dimanche et les jours fériés, du 24 juin au 7 septembre. Pour piétons et cyclistes seulement.
	Transports en commun: à partir des stations de métro Longueuil ou Radisson.
Coûts	L'entrée au parc est gratuite, sauf si vous décidez d'utiliser le bateau-passeur; vous devrez alors défrayer un droit de passage de l'ordre de 1 $ par adulte et de 0,50 $ par enfant (1987).
Informations	Parc des Îles-de-Boucherville 55, Île Sainte-Marguerite, C.P. 30 Boucherville (Qc) J4B 5E6 (514) 873-2843

PARC DU MONT SAINT-BRUNO

Attraits

Magnifique parc provincial sur la plus petite des collines montérégiennes, le mont Saint-Bruno est constitué de différents boisés, de champs, de zones marécageuses et de cinq lacs. Grâce à cette diversité de milieux, sa faune et sa flore sont très variées. Il abrite au-delà d'une centaine d'oiseaux nicheurs auxquels s'ajoutent une cinquantaine de migrateurs et d'hivernants: la petite buse, la gélinotte huppée, le râle de Virginie, le grand-duc, la chouette rayée, plusieurs moucherolles et parulines notamment.

Il est assidûment fréquenté par plusieurs mammifères dont le cerf de Virginie, le lapin à queue blanche, le porc-épic et le condylure à nez étoilé (une taupe). Les botanistes amateurs trouveront de quoi satisfaire leur curiosité parmi ses quelque 500 espèces floristiques.

Services et activités

Un intéressant réseau de sentiers écologiques et de randonnée favorise la découverte des lieux. Des activités d'interprétation de la nature sont également offertes aux visiteurs. Enfin, la pêche, le pique-nique, le ski de randonnée et la raquette sont autant d'activités auxquelles s'adonnent les habitués.

Saison

Ouvert toute l'année.

Accès

L'accueil se fait à l'entrée du parc, sur le chemin du Collège. On y accède par le rang des 25, sortie 102 de l'autoroute 20 ou sortie 121 de l'autoroute 30.

Coûts

L'entrée, tarifée, est sujette à changements tous les ans.

Informations

Parc du mont Saint-Bruno
330, chemin des 25 est
Saint-Bruno-de-Montarville (Qc) J3V 4P6
(514) 653-7544

Michel Quintin

Lapin à queue blanche

Attraits

Le lac Hertel, principal point d'intérêt du Centre, est situé à dix minutes du pavillon d'accueil; relativement peu profond, il a échappé à la pollution grâce à sa situation géographique particulière. De toutes les collines montérégiennes, le mont Saint-Hilaire a été la moins touchée par les activités humaines et, pour cette raison, on y retrouve une forêt mature, vestige des grandes forêts qui couvraient l'ensemble du territoire au début de la colonisation. Plus de 600 espèces végétales, dont la potentille tridentée, originaire du nord, poussent sur ses pentes. Les feuillus prédominent et les plantes printanières sont nombreuses. Attention cependant à l'herbe-à-puce, ennemie du genre humain, car elle figure aussi au générique.

Ce Centre de conservation, devenu refuge faunique dès 1960, héberge une variété importante d'oiseaux, de mammifères, de reptiles et d'amphibiens. Certains oiseaux comme le grand pic sont abondants dans le coin. Il en est de même de la paruline azurée (fauvette) que les visiteurs rencontreront parfois près du lac. Environ 80 oiseaux nicheurs et 187 espèces observées feront la joie des ornithologues amateurs ou avertis. Du côté des mammifères, les ratons laveurs, porcs-epics, tamias, écureuils se partagent le territoire. Ne manquez pas une visite au Pain de Sucre, d'où vous aurez une vue superbe sur la vallée du Richelieu.

Enfin, disons du mont Saint-Hilaire qu'il est l'un des plus beaux centres d'interprétation situé en région péri-urbaine, et que tous les amis de la nature doivent le visiter au moins une fois dans leur vie.

Services et activités

Le Centre offre d'abord un accueil en toute saison, un stationnement, des expositions et 24 km de sentiers d'interprétation de la nature. Ceux-ci sont jalonnés de panneaux d'information qui vous guideront dans vos découvertes. Un service de naturaliste est disponible sur réservation pour les groupes.

Saison	Le centre est ouvert toute l'année. Les meilleurs mois pour le visiter sont, à mon avis, juin, septembre et octobre.
Accès	A partir de la route 116, dans le village de Saint-Hilaire, vous empruntez la rue Fortier jusqu'à la rue Ozias-Leduc vers la droite, puis vous prenez le chemin de la Montagne jusqu'au Centre.
Coûts	Le stationnement est tarifé à la journée, ainsi que les services des naturalistes.
Informations	Centre de conservation Mont-Saint-Hilaire 422, chemin des Moulins Saint-Hilaire (Qc) J3G 4S6 (514) 467-1755

CENTRE ÉCOLOGIQUE
DU MONT SAINT-GRÉGOIRE

Attraits

Les cinq sentiers écologiques du CIME vous conduisent à travers les forêts du flanc sud du mont Saint-Grégoire. Nombre d'oiseaux et de petits mammifères habitent les différents écosystèmes de la montagne. Mais, avant tout, on doit visiter cette montérégienne pour le point de vue panoramique qu'elle nous offre, un bon moyen de s'initier à la géomorphologie de la région. Ne manquez donc pas d'escalader le sentier «Le Panorama», le long duquel on a aménagé deux belvédères qui vous font découvrir au loin les Adirondacks, les montagnes Vertes, les monts Saint-Bruno et Saint-Hilaire et la plaine de Montréal. Le sentier qui mène au sommet est à déconseiller pour les personnes qui souffrent d'insuffisance cardiaque, car la montée demande beaucoup d'énergie.

Services et activités

Le Centre concentre ses programmes d'interprétation sur l'histoire géologique et naturelle des montérégiennes. Ils sont offerts aux groupes scolaires et autres sur réservation, et aux personnes dans le cadre de visites guidées. Son réseau de sentiers de courte et moyenne durée (20 à 90 minutes) peut répondre aux capacités de tout un chacun. L'accueil, le stationnement, le camping et le casse-croûte se retrouvent au bas de la montagne, près du kiosque. Une aire de pique-nique et un sentier accessible aux personnes handicapées sont aussi disponibles. Le CIME s'est aussi occupé de développer des circuits de vélo de 10 et 16 km autour du mont Saint-Grégoire.

Saison

Ouvert de mai à octobre. Appelez pour connaître les horaires variables d'ouverture en fin de semaine.

Accès

Sortie 37 de l'autoroute des Cantons de l'Est. Continuez sur la route 227 sud jusqu'au chemin Sous-Bois, où vous tournez à droite. Le Centre est à environ 3,5 km de cette intersection.

Coûts

Les visites individuelles ou en famille sont gratuites. Les groupes doivent débourser des frais minimes. En ce qui concerne les activités, je vous suggère d'appeler ou de vous informer sur place pour connaître les frais de participation.

Informations

CIME Mont-Saint-Grégoire
C.P. 153
Saint-Jean-sur-Richelieu (Qc) J3B 6Z4
(514) 346-0406 ou 347-0616

ESTRIE

1- Centre de la nature de Farnham

2- Centre d'interprétation de la nature du lac Boivin

3- Parc de la Yamaska

4- Parc environnemental de Sutton

5- Parc du mont Orford

6- Île du marais, Katevale

7- Bois Beckett, Sherbrooke

8- Musée du Séminaire de Sherbrooke

9- Observatoire astronomique du mont Mégantic

10- Musée minéralogique et minier, Thetford-Mines

11- Parc de Frontenac

12- Écomusée de la Haute-Beauce

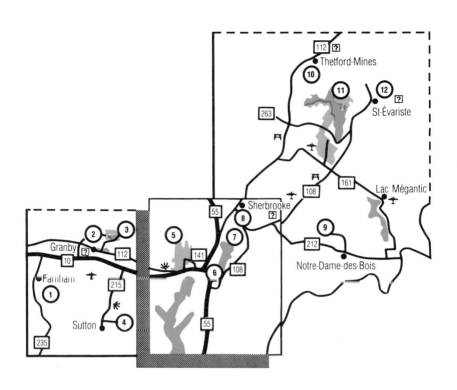

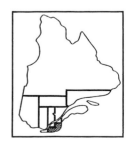

CENTRE DE LA NATURE DE FARNHAM

Attraits

Situé sur les bords de la rivière Yamaska, ce jeune centre est surtout reconnu dans la région comme dortoir pour les «oiseaux noirs»: carouges, quiscales, vachers et étourneaux; ils s'y rassemblent en très grand nombre pour passer la nuit pendant l'été. Le spectacle est unique. D'autre part, le petit héron vert et le butor sont aussi des habitués observés par les amateurs. La particularité du site réside dans le fait qu'on y a aménagé des caches pour les observateurs le long du sentier de 1,5 km. Avis aux amateurs de photos.

Services et activités

L'organisme responsable se prépare à offrir des activités d'auto-interprétation: des dépliants seront disponibles et des panneaux installés à cet effet. Pour l'instant, seul le sentier de randonnée est accessible à partir du stationnement. Deux autres sentiers sont en voie d'aménagement.

Saison

Les mois de mai, août, septembre et octobre sont les plus favorables pour de fructueuses observations. L'hiver, les sentiers ne sont pas entretenus et seuls les amateurs de ski de randonnée hors piste et les raquetteurs pourront les visiter agréablement. En été, prévoyez un minimum d'une heure et demie pour visiter un sentier et une demi-journée pour tout voir.

Accès

Situé au bout des rues Yamaska et McCorkill à Farnham.

Coûts

L'accès est gratuit.

Informations

Ville de Farnham
478, Hôtel de ville
Farnham (Qc) J2N 2H3
(514) 293-3178

CENTRE D'INTERPRÉTATION DE LA NATURE DU LAC BOIVIN

Attraits

Le Centre d'interprétation de la nature du Lac Boivin est très particulier, car il vous fait découvrir et apprécier l'univers vivant du marécage. Lorsqu'on prononce ce mot, on pense de prime abord aux grenouilles et aux crapauds. Ce milieu est surtout très important pour les canards et autres oiseaux aquatiques qui y trouvent nourriture et abri en période de nidification et, de façon encore plus spectaculaire, en période de migration.

C'est donc à l'automne que les eaux du Lac Boivin s'animent et se trouvent littéralement envahies par deux vagues d'anatidés; d'abord en septembre, les canards branchus, les sarcelles à ailes bleues, les morillons à collier et quelques canards souchets viendront disputer aux colverts la nourriture disponible; ensuite, vers le début du mois d'octobre, les canards noirs, les sarcelles à ailes vertes, les siffleurs d'Amérique, les becs-scie couronnés et surtout les bernaches du Canada prendront la place des premiers et se régaleront à leur tour des plantes aquatiques, des crustacés et du plancton que l'on retrouve en quantité dans les eaux du lac. A l'une ou l'autre de ces deux périodes, vous êtes assurés de voir des canards. En plus de ces derniers, les parulines font deux haltes au lac Boivin pendant leur migration; une au printemps, lorsque la variété est grande, et une seconde halte à l'automne, saison où l'on peut, entre autres, être témoin d'un grand rassemblement de parulines à croupion jaune.

Le sentier La Prucheraie est le premier sentier à visiter dans ce centre. Il vous permet de vous approcher du marécage et, de plus, vous offre l'occasion de pénétrer dans un pur boisé de pruches. Au mois de juillet, on y aperçoit souvent de jeunes hiboux issus de la dernière nichée du printemps.

Pierre Poirier

Canard branchu

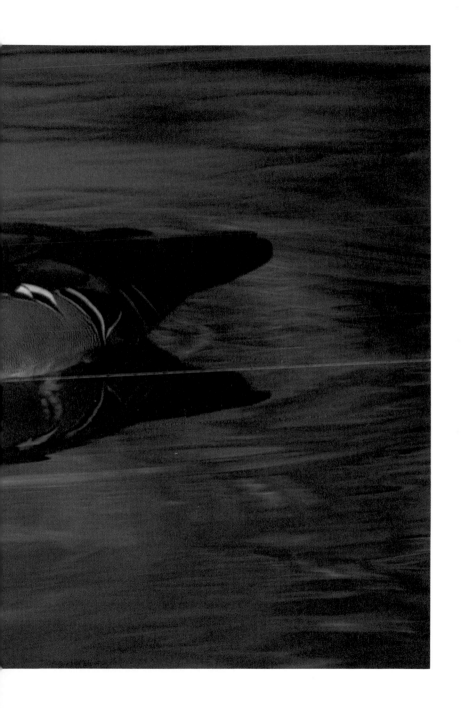

Services et activités

Les services d'interprétation de la nature et d'expositions itinérantes sont privilégiés. Ainsi, chaque année on offre au public un programme de causeries-conférences touchant divers domaines des sciences naturelles: l'ornithologie, la mammalogie, l'entomologie et l'écologie aquatique. Les expositions qu'on y présente sont toutes aussi variées: peintures de Jean-Luc Grondin, expositions des Musées nationaux, artistes naturalistes en voie de se faire connaître, expositions à thèmes provenant de musées privés. Si vous planifiez une visite au CINLB, demandez d'abord les programmes d'activités à venir et essayez d'adapter votre horaire pour pouvoir participer, entre autres, à l'une des activités nocturnes: appel à la chouette en avril, cris et bruits nocturnes en juin, marche de nuit en décembre.

Mais ce qui attire beaucoup le public dans ce centre ce sont les aménagements spéciaux, comme une tour d'observation de dix mètres de haut qui vous permet de voir d'un seul coup d'oeil le marécage ou qui vous offre parfois la chance de voir un oiseau chanteur perché dans le haut d'un aulne. Le sentier Le Marécage porte bien son nom et la sensation qu'il offre en été, lorsque les quenouilles atteignent leur pleine hauteur, est fantastique. Ce sentier de 1,8 mètres de large est bordé d'un côté d'un garde-fou, ce qui offre toute sécurité et le rend accessible à tous les membres de la famille.

Fait intéressant, le centre exploite un magasin spécialisé dans la vente de matériel en sciences naturelles: mangeoires, nichoirs, livres, jumelles pour l'observation.

Saison

Le centre est ouvert toute l'année, sept jours par semaine et l'accès est gratuit. En période estivale, la fermeture du pavillon se fait à 19 h 30. Autrement, il ferme à 16 h 30. Si vous êtes de la région, des visites régulières au Centre s'imposent. Prévoyez entre une heure et demie et trois heures et demie pour effectuer une visite satisfaisante.

Accès   Le centre est situé dans les limites de la
                   municipalité de Granby, rue Drummond.

Coûts   Les services de base sont gratuits.

Informations   Centre d'interprétation de la nature
                   du lac Boivin inc.
                   700, rue Drummond
                   Granby (Qc) J2G 8C7
                   (514) 375-3861

Attraits

On retrouve dans ce petit parc provincial probablement la plus forte concentration de goélands à bec cerclé au sud du fleuve. D'autres oiseaux aquatiques comme le morillon à collier et le canard branchu nichent aux abords du plan d'eau. Des visiteurs de plus en plus réguliers comme l'urubu (vautour) à tête rouge et le bruant (pinson) de Henslow semblent aussi avoir adopté le milieu. Dans la partie nord-est du parc, le martin-pêcheur et l'hirondelle des sables habitent les pentes abruptes qui bordent l'embouchure de la rivière. Environ 160 espèces d'oiseaux fréquentent le parc et une centaine d'entre elles sont considérées comme nicheuses.

C'est un bel endroit pour pratiquer le ski de randonnée. Les pistes du secteur nord-ouest sont les plus agréables à explorer puisqu'elles vous conduisent vers des milieux forestiers très esthétiques: pins blancs, érablières et cédrières.

Le cerf de Virginie, le raton laveur, le renard roux et le lièvre d'Amérique sont les mammifères que l'on peut observer fréquemment.

Services et activités

Le parc ne possède pas de véritables sentiers écologiques, mais l'abondance de petits chemins forestiers vous permettra d'accéder aux territoires les plus sauvages. Le plan d'eau couvrant la majeure partie du territoire, les activités nautiques y sont donc favorisées: pêche, planche à voile, canot, pédalo et voile (location disponible). Parmi les autres services on trouve: une aire de pique-nique, un terrain de jeux, des pistes de ski de fond et de raquette, des refuges chauffés pour le ski, un casse-croûte, des toilettes et des douches.

Saison

Le parc est ouvert toute l'année mais si vous n'aimez pas les foules, évitez d'y aller au mois de juillet. L'observation de la faune est conseillée aux mois de juin et de septembre. En hiver, plusieurs dizaines de canards se rassemblent sur la rivière, à la sortie du barrage principal.

Michel Quintin

Tortues serpentines (accouplement)

Accès   Sur la route 112, à l'est de Granby, vous empruntez le chemin Ostiguy et suivez les indications. Ou encore, passez par le boulevard Bouchard, en direction de l'est. C'est d'ailleurs le meilleur chemin si vous venez du zoo de Granby. On peut facilement passer une journée au parc.

Coûts   Les frais d'entrée sont chargés par voiture, selon un tarif considéré comme raisonnable. Les locations d'embarcations sont tarifées séparément.

Informations   Parc de la Yamaska
8è rang est
R.R. 2 Granby (Qc) J2G 8C7
(514) 372-3204

Attraits

Un organisme tout jeune s'est associé au centre de ski local afin d'aménager des sentiers écologiques sur le mont Sutton. Comme la plupart des montagnes, le mont Sutton possède des habitats naturels qui varient selon l'altitude et ce phénomène a pour effet d'aider à la diversification des espèces animales. Les oiseaux se rencontrent en abondance dans la montagne, surtout les parulines et les viréos. A l'automne, les oiseaux de proie peuvent être observés dans leur migration. Le cerf de Virginie est l'un des mammifères les plus beaux à observer et il est présent en grand nombre dans la montagne.

Sur le sommet, le belvédère favorise l'observation géographique et un panneau d'interprétation vous fera connaître la géologie de la région. A l'automne, le mélange des couleurs et les montagnes se découpant sur l'horizon offrent un spectacle grandiose. Il est rare, en cheminant dans le sentier, de ne pas apercevoir une buse tourner en rond au-dessus de nos têtes.

Services et activités

L'interprétation de la nature se trouve favorisée par l'organisme lorsque les subventions le permettent. Il faut donc téléphoner pour connaître le calendrier des activités. On organise des visites guidées et des journées thématiques afin d'aider le visiteur dans ses découvertes. Tous les mercredis et samedis, l'observation astronomique prend la relève à 20 heures. Le parc est équipé d'un Célestron 14 pouces. Avis aux amateurs.

Saison

L'accessibilité est assurée du mois de juin au mois d'octobre. Le mois de juillet est trop chaud et les insectes trop nombreux pour que l'explorateur apprécie à sa juste valeur l'escalade de la montagne.

Accès   De Sutton, empruntez la rue Maple sur 8 km
                   jusqu'au chalet principal de ski Mont Sutton, où
                   se déroulent la majorité des activités.

Coûts   Des frais de participation sont exigés lors des
                   activités. En d'autres moments, des frais de
                   stationnement minimes peuvent être exigés.

Informations   Parc Sutton
                   C.P. 809
                   Sutton (Qc) J0E 2K0
                   (514) 538-3173, 538-2646

Attraits

Deux grands lacs, trois étangs, plusieurs barrages de castors, une forêt de grands arbres feuillus et de conifères sur les sommets, voilà la recette qui a donné le mont Orford. Dans ce décor de rêve évoluent les cerfs de Virginie, les ratons laveurs (en quantité), les porcs-épics, les coyotes et plusieurs espèces de petits mammifères. Même la martre d'Amérique a trouvé refuge dans les zones de conifères de ce sanctuaire.

On dit aussi du parc qu'il supporte une population importante de passereaux insectivores: parulines, viréos, grives, sitelles. L'urubu à tête rouge y est fréquemment observé de même que des rapaces en période de migration. C'est un site idéal pour les «calleurs» de chouette rayée. On y trouve même une héronnière.

Pour les mordus de beaux panoramas, une marche jusqu'au sommet du mont vaut le déplacement. On aperçoit au sud les Appalaches dans leurs plus beaux habits et, en automne, le spectacle est rehaussé de couleurs à vous couper le souffle.

Services et activités

Dans ce parc, on a développé au maximum les activités de loisirs au détriment des activités d'éducation à l'environnement. Il est possible d'y pratiquer le camping, le pique-nique, la courte et longue randonnée (46 km de sentiers), le canotage, le ski de fond et alpin, le golf, la baignade, la pêche. Des services de location d'embarcations et de location d'équipement de ski sont disponibles. Allez faire un tour du côté de la base de plein air de Jouvence, vous y trouverez tous les services d'hébergement nécessaires.

Saison

Le parc est ouvert toute l'année mais la visite en automne revêt un cachet particulier car les couleurs sont tout simplement féeriques.

Accès

Sortie 115 ou 118 de l'autoroute 10. Des affiches vous renseignent sur le chemin pour vous rendre à l'accueil à partir de la route 141.

Cerf de Virginie

Coûts   Des frais de stationnement sont perçus aux
                 principaux pôles d'attractions.

Informations Parc du Mont Orford
                 C.P. 146
                 Magog (Qc) J1X 3W7
                 (819) 843-6233

                 Service d'accueil «Le Cerisier»
                 (819) 843-4545

ÎLE DU MARAIS, KATEVALE

Attraits

Les milieux humides comme celui de Katevale, près du lac Magog, sont toujours très riches en vie animale et végétale. Les quenouilles sont reines et maîtresses et elles sont accompagnées de plusieurs autres plantes semi-aquatiques comme le potamot, d'éricacées et de plantes magnifiques comme le butome à ombelle. Dans ce milieu, on peut observer le petit butor et les autres oiseaux du marais comme le troglodyte des marais. Le site constitue un lieu de rassemblement inusité en Estrie lorsque de 5000 à 6000 goélands à bec cerclé s'y concentrent entre août et octobre. Toujours pendant cette période, on reçoit de la visite rare dans cette région: la mouette de Bonaparte. Au printemps, les amateurs d'oiseaux peuvent apercevoir le morillon à dos blanc.

Services et activités

Un seul sentier est disponible et il est partiellement aménagé. Prévoyez des bottes.

Saison

Une visite à l'île du Marais est ornithologiquement rentable en mai ou entre la mi-août et la fin d'octobre.

Accès

A partir de la route 55, au sud de l'autoroute 10, vous sortez à la sortie 29 vers North-Hatley-Katevale. Allez vers l'est sur la route 108 sur 2 kilomètres environ, puis tournez à gauche sur le chemin des Ruisseaux. Dès votre arrivée au bord du lac, vous vous trouvez près du sentier et du marais.

Coûts

Accès gratuit.

Informations

L'île du Marais
C.P. 21
Katevale (Qc) J0B 1W0

BOIS BECKETT, SHERBROOKE

Attraits

Cette forêt de 70 hectares située dans les limites de la ville de Sherbrooke se prête bien à l'observation des rapaces migrateurs à l'automne et au printemps. Environ 135 espèces d'oiseaux y séjournent à un moment ou à un autre au cours de l'année. On dénombre 54 espèces nicheuses. Les mammifères les plus communs comme les écureuils, les ratons laveurs et les mouffettes, sont facilement observables et les possibilités d'apercevoir un cerf de Virginie sont grandes.

Explorer le bois Beckett au printemps est probablement la meilleure façon d'apprendre à aimer la nature. Il s'agit en effet d'un riche boisé recouvert de fleurs printanières et animé par le chant des merles, des orioles et des parulines. Plusieurs arbres se sont coiffés de fleurs et, comme le pommier, ils embaument la forêt de leurs odeurs magiques.

Services et activités

En plus du réseau de 8 sentiers écologiques, l'organisme offre, selon les années, des activités d'interprétation de la nature et un programme varié d'activités en sciences naturelles.

Saison

Le boisé est accessible toute l'année. En passant par Sherbrooke, allez humer la nature entre la fin-mai et le début de juin. Cela vous demandera 90 minutes environ. Par contre, une sortie ornithologique vraiment profitable exige environ trois heures et vous permet d'explorer les recoins de la forêt.

Accès

A partir du boulevard Portland, vous tournez sur le boulevard Jacques-Cartier vers le nord jusqu'à la rue Beckett et ensuite, dirigez-vous vers l'ouest.

Coûts

Certaines activités sont tarifées, mais l'entrée sur le site est gratuite.

Informations

Regroupement Bois Beckett inc.
C.P. 2494
Succursale Jacques-Cartier
Sherbrooke (Qc) J1J 3Y4   (819) 821-5781

Mouffettes rayées

MUSÉE DU SÉMINAIRE DE SHERBROOKE

Attraits
Collections permanentes d'oiseaux et de mammifères empaillés, dont une tourte, oiseau disparu depuis le début du siècle. L'exposition présente aussi beaucoup de spécimens d'insectes, de papillons, de minéraux et de coquillages. La salle Léon-Marcotte constitue la plus récente acquisition du musée et elle a pour vocation de présenter des expositions itinérantes en provenance des Musées nationaux ou d'initiative locale mais présentées tout aussi professionnellement.

Services et activités
Accueil et, selon les expositions en place, un service d'animation. Des brochures sont disponibles pour la plupart des expositions.

Saison
Ouvert toute l'année. Très accessible.

Accès
L'entrée du musée se trouve au 195 de la rue Marquette, à Sherbrooke, et celle de la salle d'exposition Léon-Marcotte est sise au 222, rue Frontenac. Les deux entrées sont situées dans le même bâtiment.

Coûts
Des frais d'entrée de 1 $ sont exigés et donnent droit de visiter les deux musées (1987).

Informations
Musée des sciences naturelles
222, rue Frontenac
Sherbrooke (Qc) J1H 1J9
(819) 563 2050

OBSERVATOIRE ASTRONOMIQUE DU MONT MÉGANTIC

Attraits

Une randonnée sur une montagne de 1098 mètres d'altitude vous tente? Alors rendez-vous à l'observatoire astronomique du Mont Mégantic, qui vous permet d'accéder aux paysages les plus beaux de l'Estrie. Le voyage se justifie, ne serait-ce que pour vous offrir une vue superbe sur monts et forêts. En été, il faut visiter la coupole hémisphérique abritant le télescope avec un étudiant en astro-physique engagé pour la saison. Ce gigantesque télescope est doté d'un miroir de 160 cm de diamètre, qui le rend 10 millions de fois plus sensible que l'oeil humain. D'un poids total de 24 tonnes, ce géant est d'une précision déconcertante. Vos guides vous montreront d'autres instruments utiles aux chercheurs et vous repartirez riche de nouvelles connaissances sur l'astronomie. D'autres endroits sont accessibles sur le mont. Enfin, n'oubliez pas vos jumelles et vos télescopes, car si le temps le permet vous pourrez profiter d'un des plus beaux ciels du Québec pour observer les étoiles. Malheureusement n'espérez pas coller votre oeil à l'oculaire du télescope de l'observatoire, car il est strictement réservé aux chercheurs.

Services et activités

En plus de la visite guidée, vous pouvez assister à la projection d'un court film sur l'histoire de l'observatoire, sa construction et son rôle.

Saison

Ouvert au public de juin à septembre, de 10 h à 18 h tous les jours. Si vous avez la chance de visiter ce site par une belle soirée étoilée, vous comprendrez pourquoi l'observatoire se trouve sur cette montagne. La clarté du ciel y est exceptionnelle.

Accès

Vous arrivez de Sherbrooke par la route 212 jusqu'à Notre-Dame-des-Bois. Vous vous dirigez vers Val Racine et vous tournez à gauche en suivant les indications.

Coûts

Accès au site et à l'observatoire gratuit.

Informations

(819) 888-2822 pour l'observatoire
(514) 343-6718 à l'Université de Montréal

Cerf de Virginie

MUSÉE MINÉRALOGIQUE ET MINIER, THETFORD-MINES

Attraits

Le caractère à la fois historique, scientifique et technologique du musée en fait un centre éducatif intéressant pour tous, connaisseurs ou profanes. Les collections permanentes comprennent des minéraux, des roches, des fossiles, des coquillages, des coraux, des pierres précieuses et semi-précieuses en provenance du monde entier. Avis aux amateurs de couleurs. L'amiante et son industrie font aussi partie d'une thématique développée dans une des salles. On peut y observer des échantillons de minéraux recueillis dans plus de 25 pays. Enfin, plusieurs pièces sont des plus étonnantes: une rose des sables du Mexique, un échantillon d'or à observer au microscope, des minéraux fluorescents. Des pièces provenant d'expositions itinérantes enrichissent à l'occasion les collections.

Services et activités

Accueil, visites guidées pour les groupes (sur réservations), projections audiovisuelles, publications gratuites, kiosques à souvenirs.

Saison

Ouvert de la fin février à la mi-décembre selon l'horaire suivant: du mardi au vendredi: de 10 h à 17 h; du samedi et dimanche: de 13 h à 17 h; fermé le lundi.

Accès

Le musée est installé dans le collège de la Région de l'Amiante, au 671, boulevard Smith sud (route 112) à Thetford-Mines.

Coûts

Des frais d'entrée sont chargés aux visiteurs à des tarifs populaires. Les personnes handicapées sont admises gratuitement.

Informations

Musée minéralogique et minier
C.P. 462
Thetford-Mines (Qc) G6G 5T3
(418) 335-2123

Attraits

Le parc, d'une superficie de 155 km^2, est aménagé sur la rive ouest du lac Saint-François, le troisième plus grand lac de la rive sud du Saint-Laurent. C'est le pays du raton laveur, qu'on voit partout. Surveillez vos provisions, vos appâts et vos prises! Le territoire est parsemé de lacs, de rivières, de marécages et d'étangs dans une région où se mêlent feuillus et conifères. C'est un beau parc peu connu des amateurs de plein air; il convient parfaitement aux gens qui ne veulent pas subir un trop grand dépaysement, mais qui tiennent tout de même à se retrouver dans la nature. Les activités nautiques sont à l'honneur: canot et canot-camping, baignade, voile, pêche et planche à voile. Le réseau de sentiers donne accès aux plus beaux sites naturels du parc.

Services et activités

Sentier écologique de 1,8 km et 6 km de sentiers de randonnée pédestre; circuit de 15 km pour les amateurs de canot-camping, pêche à la journée, location de chalets, d'embarcations, de dériveurs et de planches à voile, campings aménagés et rustiques, aire de pique-nique, trois plages, école de voile.

Saison

Le parc est ouvert de la mi-juin au début de septembre. Le poste d'accueil de Saint-Daniel est ouvert de 8 h à 20 h tous les jours. Celui du secteur sud est ouvert de 9 h à 18 h. Si l'on désire se livrer à toutes les activités qui sont offertes, on peut facilement passer trois à quatre jours dans ce parc. Si vous vous trouvez dans cette région en juin, ne manquez pas une visite en canot de bon matin dans les marécages. Armé de jumelles, vous pourrez sûrement voir des butors, des hérons et d'autres oiseaux des milieux humides.

Accès

De Thetford-Mines, vous vous dirigez vers Saint-Daniel par la route 267, ou encore, si vous arrivez par la route 108, tournez au nord sur la route 263.

Coûts Des frais de stationnement sont chargés aux principaux points d'intérêt. La location de chalet doit se faire auprès du concessionnaire. Il en est de même pour la location des embarcations. Réservez d'avance. Les cours de voile sont tarifés selon les degrés de difficulté choisis.

Informations Parc de Frontenac
B.P. 21, R.R. 3
Thetford-Mines (Qc) G6G 5R7
(418) 422-2136 ou 1-800-462-5349 (sans frais)

Bureau d'accueil, école de voile et information pour les locations:
(418) 422-2144, Saint-Daniel ou (418) 486-7807, secteur sud.

Michel Quintin

Raton laveur

Attraits

D'un genre très particulier, l'écomusée de la Haute-Beauce est en fait un vaste territoire compris entre Saint-Victor et Sainte-Cécile, dont le coeur est Saint-Évariste, où l'on retrouve le musée. On y interprète la vie sauvage et humaine de la Haute-Beauce, notamment grâce à l'association de plusieurs organismes et intervenants. Je vous conseille fortement de vous rendre d'abord à Saint-Évariste, au musée et centre régional d'interprétation établi dans l'ancien presbytère de la paroisse. C'est aussi à Saint-Évariste qu'on vous présente en détail les circuits routiers d'interprétation intégrée, portant sur le patrimoine historique et naturel. Ces circuits vous indiquent en détail les sites à visiter et les activités qui vous sont offertes.

Services et activités

Informations touristiques, interprétation et animation, sentiers de randonnée, camping, circuit de canot, école de voile, équitation et sentier de ski de randonnée.

Saison

Les services sont offerts du début de juin à la fin d'octobre. Ces visites peuvent s'échelonner sur plusieurs jours si vous le désirez.

Accès

Par la route 108 jusqu'à Saint-Évariste. Le musée est situé dans la rue principale.

Coûts

L'admission au musée est la suivante: 2 $ adulte, 1 $ enfant et groupe de plus de 20 personnes (1987).

Informations

Écomusée
C.P. 595
La Guadeloupe (Qc) G0M 1G0
(418) 459-3195

COEUR DU QUÉBEC

COEUR DU QUÉBEC

1- Lac Saint-Pierre, rive nord et rive sud
2- Centre éducatif forestier La Plaine
3- Réserve faunique Mastigouche
4- Parc national de la Mauricie

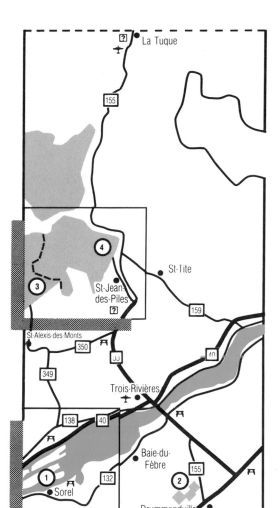

La Tuque

155

St-Tite

St-Jean-
des-Piles

159

③

St-Alexis-des-Monts

350

JJ

349

40

Trois-Rivières

138 40

40

Baie-du-
Fèbre

155

132

②

①

Sorel

Drummondville

20

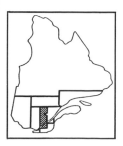

Attraits

Au printemps, le lac Saint-Pierre est le site méridional québécois du plus grand rassemblement de bernaches du Canada. Près de 100 000 outardes et une quinzaine de milliers de canards barboteurs s'y rassemblent entre le début d'avril et la fin de mai. Au printemps de 1987, on y a aussi observé un rassemblement important d'oies blanches. C'est surtout à partir du poste d'observation situé sur la rive sud, près de Baie-du-Febvre, qu'on peut observer à loisir les oies, morillons, colverts et autres.

La région compte au moins 125 espèces d'oiseaux dont certains sont des visiteurs très particuliers. Notons les bécasseaux, le cygne siffleur, la grue du Canada. En plus d'être un paradis pour les ornithologues, le lac abrite 154 espèces végétales dont d'immenses herbiers aquatiques qui servent d'abri à l'avifaune. Remarquez en outre le chaume ou herbe à lien, avec lequel on couvrait autrefois les toits des bâtiments. Les amateurs d'amphibiens découvriront une mine d'or dans le lac puisqu'il regorge de ces animaux. Sur l'île de Berthier on retrouve une des plus importantes héronnières du Québec. Attention de ne pas trop déranger ces échassiers. Enfin, on note la présence de 73 espèces de poissons, dont le brochet et le doré, l'esturgeon, la perchaude et la barbotte, qui est d'ailleurs à la base de la fameuse gibelotte de Sorel.

L'archipel du lac Saint-Pierre compte environ 103 îles qu'il faut visiter au moins une fois dans sa vie, en canot ou en embarcation à moteur. Ce sont des territoires extrêmement riches en oiseaux aquatiques et de rivage. Le rat musqué est omniprésent et seuls les arbres feuillus peuplent les îles, à part quelques conifères plantés par l'homme. L'île du Moine est peut-être la première des îles à visiter. Elle est considérée comme le meilleur endroit près de Montréal pour trouver de rares oiseaux de rivage et de non moins rares oiseaux aquatiques. Elle est située à 10 km à l'est de Sorel.

Les deux extrémités de l'île constituent les endroits les plus riches. On peut aussi observer la faune du lac à partir de deux haltes aménagées près de la route; une à Baie-du-Febvre, sur la rive sud, et une autre indiquée sur l'autoroute 40 près de Berthier.

Services et activités

A Saint-Ignace-de-Loyola, sur l'île Madame, la pourvoirie du Lac Saint-Pierre offre aux ornithologues une croisière dans les chenaux peu profonds de l'archipel de Berthier. Sur la rive sud, c'est dans la région de Sorel que vous trouverez le plus de services de location. On y offre aussi un service de visite guidée à bord de canots rabaska qui peuvent contenir environ dix personnes. Je vous suggère les rampes de mise à l'eau situées sur le chemin du chenal du Moine, à l'est de Sorel pour ceux et celles qui aimeraient visiter la région en canot ou en embarcation à moteur. Les amateurs de pêche et de chasse à la sauvagine trouveront tout ce dont ils ont besoin sur les deux rives du lac. Une carte des îles est nécessaire si on veut se retrouver dans cet entrelacs de méandres, de bras de rivières et de petites et grosses îles.

Saison

Les périodes de migration d'avril-mai et de septembre-octobre sont extrêmement vivantes pour la quantité d'oiseaux qui se rassemblent sur le lac; la période qui s'étend de juin à la première semaine de septembre est la plus propice à l'observation des oiseaux nicheurs. Plus tard en septembre, les chasseurs envahissent le territoire.

Accès

Sur la rive nord, les principaux services offerts pour la découverte des îles sont disponibles à Berthier et sur les îles, que vous pourrez rejoindre par la route qui mène à Saint-Ignace-de-Loyola. De plus, des haltes ont été aménagées à Saint-Barthélémy, près de l'autoroute 40, afin de permettre l'observation des oiseaux. J'ai déjà mentionné la possibilité d'utiliser les débarcadères sur la rive sud.

Le restaurant «Chez Bedette» à Sainte-Anne-de-Sorel, sur le chemin du chenal du Moine, est l'un des endroits les mieux aménagés pour vous permettre de mouiller votre embarcation. Pour traverser sur l'île du Moine, vous devez contacter le passeur, M.Jean Rousseau au (514) 743-3025.

Une halte routière près de Baie-du-Febvre, sur la route 132, a été spécialement aménagée pour l'observation des oiseaux aquatiques. Au printemps, oubliez l'autoroute 20 et faites le trajet Montréal — Nicolet par la route 132. Gardez l'oeil ouvert, car les canards et les oies abondent, surtout la dernière semaine d'avril et les deux premières de mai. À voir absolument!

Coûts

Plusieurs des débarcadères sont payants et les activités guidées pour découvrir les îles exigent des déboursés.

Informations

Pour la visite guidée des îles:
Les pourvoyeurs du Lac Saint-Pierre
2309, rang Saint-Pierre
Saint-Ignace-de-Loyola (Qc) J0K 2P0
(514) 836-7506

M. Gérald Défossés
80, rue Augusta
Sorel (Qc)
(514) 742-3080 ou 742-0726

Pour recevoir une carte des îles:
Chambre de commerce
67, rue Georges
Sorel (Qc) J3P 1C2

Michel Quintin

Bernache du Canada

Attraits

Le territoire du Centre est recouvert d'arbres typiques de la plaine du Saint-Laurent, érables, peupliers, bouleaux, ainsi que conifères. Il est parcouru par un réseau de sentiers écologiques. La faune se compose de nombreux écureuils, porcs-épics et marmottes et les oiseaux appartiennent aux espèces répertoriées dans la région: paruline jaune, viréo, quelques espèces de bruants. Ce centre est fort bien aménagé. Des brochures d'auto-interprétation et des randonnées guidées vous feront découvrir, de façon bien particulière, le patrimoine forestier rattaché à l'histoire régionale.

Services et activités

Le pavillon d'interprétation regroupe les services suivants: accueil, salle d'exposition sur la forêt, salle de projection et salle de travail en groupes. Près du pavillon, on trouve le départ du réseau de trois sentiers écologiques et d'un sentier de randonnée. Le sentier «Le Sylvicole» répond aux normes d'accessibilité universelle, ce qui signifie que les personnes en fauteuil roulant peuvent s'y rendre et s'y promener. Des services de naturalistes sont disponibles sur réservation et une attention particulière est accordée aux groupes d'âge scolaire.

Saison

Principalement ouvert de la mi-mai à la fin octobre, l'horaire varie selon les saisons. Pendant l'été, le Centre ouvre sept jours par semaine de 9 h à 17 h. Parcourir le plus court sentier et visiter l'exposition ne demande guère plus de 90 minutes.

Accès

Par la sortie 179 de l'autoroute 20, emprunter ensuite le Chemin du Golf vers le nord sur une distance d'environ 7 km.

Coûts

Entrée et principaux services gratuits.

Informations

CEF de la Plaine
C.P. 393
Drummondville (Qc) J2B 6W3
(819) 477-9533

Attraits

Cette réserve est un paradis de lacs et de rivières, le site idéal pour l'amateur de canot-camping. Plus de 500 lacs sillonnés par 140 km de circuits de canot. C'est le pays des matins brumeux où seul le chant du huard brise la quiétude de la nature endormie. Bien installé dans votre chalet rustique, vous vous souvenez encore de ce premier castor vu à l'aube, de ce deuxième, de ce troisième... Au fait, combien en avez-vous vus? Ses digues et ses barrages sont omniprésents. Vous vous souvenez aussi de cet orignal mâle qui a traversé les eaux limpides du lac Saint-Bernard, et de cette couvée de canetons qui a surgi des herbes hautes. Que de chants d'oiseaux entendus! Les parulines, les bruants, la petite buse et tous les autres.

Si vous possédez un appareil photo ou une caméra, prière de ne pas l'oublier, car la faune abonde dans cette réserve et les animaux se laissent approcher facilement. Les paysages resteront gravés dans votre mémoire, surtout si vous avez eu l'occasion de parcourir le sentier des Six Chutes. Une courte randonnée de 3 kilomètres qui vaut le déplacement.

Services et activités

Le ministère du Loisir, de la Chasse et de la Pêche offre aux intéressés la possibilité de louer un chalet, un pavillon ou une chambre à l'auberge. Vous devez obligatoirement réserver. Pour certains lacs, vous pourrez même louer le canot, véhicule par excellence pour se déplacer dans la réserve. Les autres activités disponibles sont la planche à voile, la pêche, le ski de fond de courte et longue randonnée et la motoneige.

Saison

La saison de canot-camping s'étend de la fin mai au début de septembre et celle de ski de fond, de la mi-décembre à la fin de mars. Les personnes allergiques aux piqûres de mouches devraient éviter la période du 20 juin au 20 juillet.

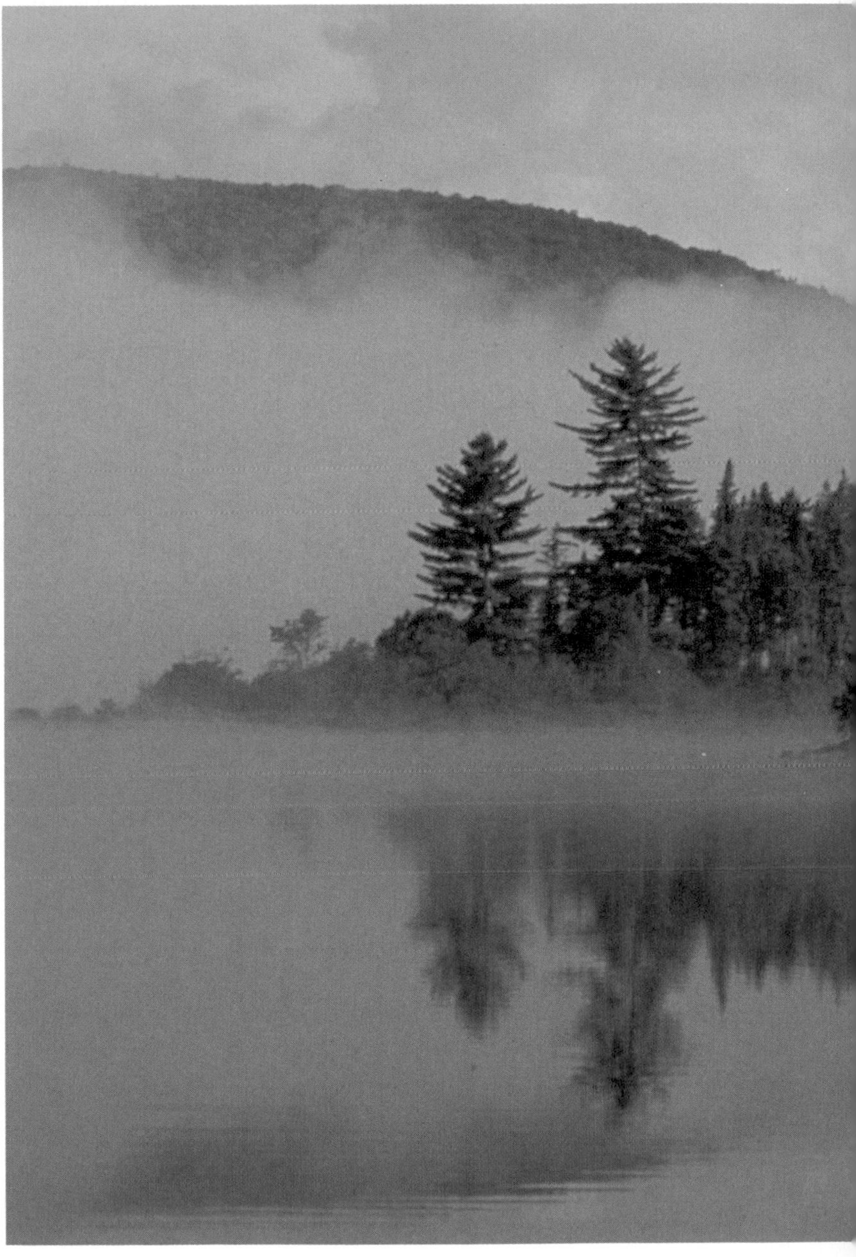

Féd. qué. de canot-camping

Accès

Le poste d'accueil et d'information principal est accessible par la route 349, à 24 km au nord de Saint-Alexis-des-Monts. Un second poste d'accueil est situé à 26 km de Saint-Zénon, par la route 131. Enfin, le troisième poste est à 18 km au nord de Saint-Charles-de-Mandeville, sur la route 347.

Coûts

En principe, l'accès à la réserve est gratuit, mais les locations sont évidemment tarifées et sujettes à changements chaque année.

Informations

Réserve Mastigouche
C.P. 450
Saint-Alexis-des-Monts (Qc) J0K 1V0
(819) 265-2098

Attraits

Un territoire sauvage, parsemé de 150 lacs et étangs, recouvert d'une forêt de transition où se mêlent les érablières et les forêts nordiques, tel est le parc de la Mauricie. Dans ce décor de l'arrière-pays vivent les orignaux, les ours, les renards et les lièvres avec, comme voisins, les gélinottes, les geais et les mésanges.

Tout le monde aime le parc de la Mauricie pour ses belvédères. Le plus spectaculaire est celui qu'on appelle Le Passage, où un panneau vous explique la topographie en détail. Les différents écosystèmes, les marécages, les tourbières sont accessibles grâce à un réseau de sentiers très bien entretenus.

Pour les amateurs de longs séjours en forêt, le parc de la Mauricie est à maints égards l'un des plus beaux endroits au Québec pour faire du canot-camping. Le réseau d'itinéraires de canotage s'étend jusque dans l'arrière-pays et les sites de camping sont merveilleux.

Services et activités

Plusieurs sentiers d'interprétation de la nature, des causeries, des activités théâtrales, des panneaux d'information se complètent et permettent de parfaire vos découvertes. Ne manquez pas non plus de participer aux activités d'interprétation en rabaska (grand canot pouvant contenir plusieurs personnes). Le parc offre aussi aux amateurs de camping trois terrains aménagés avec tous les services, ainsi que la possibilité de faire du camping sauvage le long des parcours de canot. On offre d'ailleurs un service de location de canot pour accommoder les fervents de ce loisir. Le camping de Rivière-à-la-Pêche est équipé pour recevoir les personnes handicapées. Chaque terrain dispose d'un amphithéâtre où l'on présente des activités éducatives. En hiver on peut y faire du ski de randonnée (70 km de pistes) et de la raquette (4 km).

La pêche, la natation et la plongée sous-marine constituent d'autres activités potentielles. Au centre d'accueil de Saint-Jean-des-Piles, le parc a construit un pavillon qui lui sert en même temps de salle d'exposition et de salle de projection.

Saison

Ce parc est aménagé pour vous recevoir et vous offrir des activités éducatives et de plein air à longueur d'année. Attention cependant aux mois de juin à septembre, lorsque les campings sont littéralement envahis. Il ne faut pas s'en surprendre, car chacun d'entre eux offre tous les services, douches, toilettes et autres commodités. Le camping de Wapizagonke possède une plage.

Accès

Par Grand-Mère jusqu'à Saint-Jean-des-Piles, où se trouve le plus important des postes d'accueil, et par Shawinigan, jusqu'à Saint-Mathieu, où se trouve un poste d'information.

Coûts

Entrée gratuite, mais le camping est tarifé. Comme dans tous les parcs fédéraux, le camping est permis pour une période n'excédant pas 15 jours.

Informations

Parc de la Mauricie
C.P. 758
465, 5e rue
Shawinigan (Qc) G9N 6V9
(819) 536-2638

QUÉBEC, CHARLEVOIX ET MONTMAGNY

1- Centre éducatif forestier de Duchesnay
2- Aquarium du Québec
3- Centre muséographique de l'Université Laval
4- Lac Saint-Charles
5- Parc de la Jacques-Cartier
6- Cap Tourmente
7- Archipel de Montmagny
8- Parc des Grands Jardins
9- Hautes gorges de la Rivière Malbaie
10- Centre écologique de Port-au-Saumon
11- Centre éducatif forestier Les Palissades
12- Halte côtière de Pointe-Noire

Baie-Ste-Catherine

Baie-des-Rochers

170

11

St-Siméon

10

St-Fidèle

St-Aimé-des-Lacs

La Malbaie

Nord

381

169

175

Mont-Apica

8

138

5

Ste-Anne-de-Beaupré

Cap Tourmente

6

7

Île-aux-Grues

Île D'Orléans

Montmagny

4

175

Lac St-Charles

1

Ste-Catherine

367

2

Québec

3

Ste-Foy

20

40

132

20

73

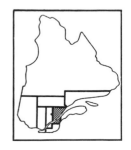

Attraits

Aménagé au coeur d'un vaste territoire gouvernemental qui a longtemps été l'école des forestiers québécois, ce centre comporte un imposant réseau de sentiers menant aux plus beaux endroits du site: érablière, lac Saint-Joseph, belvédère sur la montagne, jeune tourbière, abris sous roche, etc. Le sentier du Lac Jaune permet l'observation de deux merveilles de notre flore, la sarracénie pourpre et la droséra, des plantes carnivores.
Les activités éducatives sont orientées vers la découverte de la forêt.

Services et activités

Accueil, exposition et projection ont lieu au très vaste pavillon d'interprétation. Les trois sentiers écologiques et les six sentiers de randonnée totalisent plus de 32 km. Le plus court sentier se parcourt en 45 minutes et le plus long peut prendre trois heures. Des stages, des causeries, des randonnées guidées et des programmes spéciaux pour les groupes complètent le tableau des services offerts. Le centre fournit des dépliants d'interprétation. En hiver, on y pratique le ski de fond sur dix pistes totalisant 85 km. Cinq chalets chauffés assurent votre confort. On y pratique aussi la raquette.

Saison

Ouvert toute l'année, le centre se montre dans toute sa splendeur à l'automne, quand les érables revêtent toutes leurs couleurs. En hiver, la vue qu'on a du haut de la piste n° 8, à 400 m d'altitude, est envoûtante.

Accès

Près du village de Sainte-Catherine, à 50 km à l'ouest de Québec, empruntez la sortie 295 de l'autoroute 440.

Coûts

L'entrée est gratuite mais le stationnement pour le ski de fond est payant.

Informations

CEF de Duchesnay
Duchesnay, comté Chauveau (Qc)
G0A 3M0
(418) 875-2711, poste 39

AQUARIUM DU QUÉBEC

Attraits

Site connu et intéressant pour sa collection de 197 espèces de poissons et de 76 espèces de mammifères, reptiles, amphibiens et invertébrés. Mais il faut visiter l'aquarium pour ses activités éducatives, lorsque les responsables vous font connaître leurs pensionnaires, les phoques par exemple. Prenez le temps de parcourir les sentiers qui serpentent le terrain et vous découvrirez des panoramas fort intéressants sur le fleuve et l'embouchure de la rivière Chaudière. En fait, l'Aquarium de Québec est une halte pour toute la famille et un site touristique trop souvent oublié lorsqu'on séjourne dans la région.

Services et activités

Accueil, visites autonomes ou guidées, présentations audiovisuelles, programmes spéciaux pour les groupes scolaires ou les groupes d'aveugles, documentation, boutique de sciences naturelles, cafétéria.

Saison

Ouvert toute l'année. Les heures d'ouverture sont de 9 h à 17 h tous les jours.

Accès

Empruntez la première sortie après le pont Pierre-Laporte et suivez les indications.

Coûts

L'entrée est tarifée.

Informations

Aquarium de Québec
1675, avenue du Parc
Sainte-Foy (Qc) G1W 4S3
(418) 659-5266

CENTRE MUSÉOGRAPHIQUE DE L'UNIVERSITÉ LAVAL

Attraits

Les collections de l'Université Laval ont commencé à se constituer en 1816. Depuis, désireuse de rendre une partie de celles-ci plus accessibles au public, l'institution a créé le centre muséographique. Les collections comprennent environ 350 000 spécimens minéralogiques, paléontologiques, biologiques et botaniques. Plusieurs artefacts et pièces historiques se rapportent à l'archéologie classique et amérindienne, à l'anthropologie et à l'ethnologie. Le centre consacre 2000 mètres carrés de plancher à une série d'expositions à caractère didactique. Un domaine de rêve pour tout scientifique en herbe. Faire un tour complet en une heure est presque inconcevable si l'on veut vraiment bénéficier de sa visite. Je vous suggère au minimum deux visites de deux heures chacune.

Services et activités

Le centre offre un service d'accueil les mardis, mercredis et jeudis, de 12 h à 16 h, et des visites commentées par un guide-interprète.

Saison

Fermé du 20 décembre au 10 janvier et pendant les mois de juillet et août.

Accès

Rendez-vous au pavillon Louis-Jacques Cassault, porte 3545, tout près du Pavillon de l'éducation physique et des sports (PEPS).

Coûts

L'entrée est de 2 $ pour les adultes et gratuite pour les enfants de moins de six ans (1987). Notez que le stationnement est payant, sauf les fins de semaine.

Informations

Pavillon Louis-Jacques Cassault
Université Laval
Cité Universitaire
Québec (Qc) G1K 7P4
(418) 656-7111

Attraits

Saviez-vous que le lac Saint-Charles, qui sert de réserve d'eau potable pour la ville de Québec, est aussi un site écologique très attrayant pour les activités qu'on y offre? Embarquez à bord du ponton spécialement aménagé et vivez une activité éducative très particulière. À bord, on vous fournit jumelles et carnets d'observation afin de vous aider à découvrir le huard à collier, le grand héron, le martin-pêcheur, le castor, le rat musqué, le vison et peut-être un orignal. Tout est pensé pour vous assurer un maximum de sécurité. Idée originale, les naturalistes ont installé un aquarium à bord de l'embarcation motorisée afin de faciliter l'observation des plantes aquatiques.

Services et activités

Les randonnées guidées sur le lac sont actuellement offertes aux groupes familiaux, amicaux ou scolaires. Il est très important de réserver à l'avance.

Saison

Accessible de mai à octobre. L'organisme responsable, l'APEL, se dit prêt à s'adapter aux horaires des groupes mais les groupes scolaires doivent suivre un horaire préétabli. La durée moyenne des randonnées est de deux heures.

Accès

Dirigez-vous vers le nord sur la route 73 et suivez les indications qui mènent au Lac Saint- Charles.

Coûts

Important: les tarifs sont fixes et chargés par groupe et non par personne. Ainsi, louer les services du personnel pour une heure revient à 50 $, que vous soyez trois ou 20 personnes. Le tarif pour deux heures est de 70 $ (1987). Il vaut donc mieux constituer un groupe avant de vous rendre sur place. Le nombre maximal de visiteurs est de 20 adultes ou de 30 enfants. Les coûts sont sujets à changements chaque année.

Informations

APEL Lac Saint-Charles
Comité des tournées d'interprétation
Poste restante
Lac Saint-Charles (Qc) G0A 2H0
(418) 849-4985

PARC DE LA JACQUES-CARTIER

Attraits

Le parc de la Jacques-Cartier, c'est avant tout un milieu naturel aux paysages grandioses. Cette imposante vallée bordée par un plateau montagneux recèle des trésors que tous les Québécois devraient connaître. D'abord, une forêt de feuillus aussi importante surprend dans ce royaume des conifères. En plus de donner un cachet particulier à la région, elle y amène une faune inhabituelle sous cette latitude, entre autres des ratons laveurs et des cerfs de Virginie. La vallée de la Jacques-Cartier, c'est aussi le paradis de la truite mouchetée et de la truite rouge du Québec. Depuis quelques années, on tente avec un certain succès de réimplanter le saumon de l'Atlantique. Il s'agit d'une bonne région pour l'ornithologue, car les recensements font état de 104 espèces d'oiseaux nicheurs, dont certains rapaces comme l'épervier et le balbuzard (aigle pêcheur).

La magie de l'embrasement automnal vaut à elle seule le déplacement. Le parc de la Jacques-Cartier doit s'inscrire dans votre carnet de destination-voyage et les amateurs de vie au grand air peuvent facilement y séjourner de quatre à cinq jours, le temps de tout voir, ou presque.

Services et activités

Au pavillon d'accueil et d'interprétation, vous recevrez toutes les informations nécessaires sur le parc et ses éléments naturels. Plusieurs sentiers d'interprétation de la nature et sentiers de longues randonnées sont aménagés. Vous pouvez y louer un chalet, des embarcations, aller à la pêche, participer à des visites éducatives et à des activités impressionnantes comme l'appel de l'orignal ou l'observation des saumons en train de frayer. Le camping est permis, tout comme le canot-camping, et des emplacements ont été spécialement aménagés à cet effet. Enfin l'escalade, le ski de randonnée et la raquette font partie des activités qui sont offertes. Il y en a pour tous les goûts. L'interprétation de la nature constitue l'un des moyens de favoriser les découvertes.

Michel Quintin

Balbuzard

Le programme prévoit en outre des randonnées en rabaska (grand canot pouvant contenir de huit à douze personnes) et en tricanot. Le «rafting» (descente de rivière en canot pneumatique) est une nouvelle activité offerte et qui plaira aux amateurs de sensations fortes.

Saison Accessible toute l'année, mais certains services ne sont offerts que certains mois.

Accès Le parc est situé à 40 km au nord de Québec. On y accède par la route 175. Des panneaux vous dirigeront vers le pavillon d'accueil.

Coûts L'accès au parc est gratuit mais plusieurs services exigent des déboursés raisonnables. Il faut appeler pour se renseigner sur ces services payants.

Informations Parc de la Jacques-Cartier
Ministère du Loisir, de la Chasse et de la Pêche
Direction régionale de Québec
9530, rue de la Faune
Charlesbourg (Qc) G1G 5H9
(418) 622-4444

Centre d'accueil de Stoneham
(418) 848-3169

Attraits

Cap Tourmente, voilà un site naturel à voir au moins une fois dans sa vie. Un vrai joyau. Créée en 1969, la réserve nationale du Cap Tourmente est considérée comme l'un des meilleurs endroits au monde pour observer l'oie des neiges. De la mi-avril à la fin de mai et de la mi-septembre à la mi-octobre, ce sont des dizaines de milliers d'oies des neiges que vous pouvez observer sur les battures de la réserve grâce à un réseau de sentiers qui vous donne accès aux emplacements spécialement aménagés. D'autres sentiers vous permettent de couvrir l'ensemble de ce territoire riche en oiseaux. Près de 250 espèces ont été observées dans les différents habitats compris entre les battures et le sommet de la montagne, à 600 mètres d'altitude.

Les aménagements créés afin d'encourager la nidification du canard sont aussi devenus des lieux propices à l'observation des oiseaux et des mammifères de la région. La meilleure période pour aller au Cap Tourmente va du 5 au 15 octobre. A ce moment, les oies sont très nombreuses. On peut facilement y vivre toute une journée d'activités et d'excursions. Pour ceux qui aimeraient arrêter en passant, il faut prévoir quand même deux heures pour la visite.

Services et activités

La Société linnéenne de Québec a le mandat d'assurer l'animation à la réserve. Plusieurs activités d'interprétation de la nature sont offertes. Les groupes peuvent réserver. A l'intérieur du pavillon, une exposition vous renseigne sur l'oie des neiges et l'on y présente des projections à l'occasion. Des sentiers aménagés et entretenus parcourent les milieux variés de la réserve, dont la montagne, où l'on a construit un belvédère qui vous permet d'admirer toute la région.

Saison

La réserve est ouverte toute l'année, mais les services d'accueil ne sont offerts que d'avril à octobre.

Oies des neiges

Accès   Le Cap Tourmente est situé à 50 km à l'est de
            Québec, tout près du village de Saint-Joachim,
            sur la rive nord du Saint-Laurent.

Coûts   L'accès au site coûte 2 $ par adulte; gratuit
            pour les enfants de 14 ans et moins (1987).

Informations   Cap Tourmente
            St-Joachim (Qc) G0A 3X0
            (418) 827-5167 ou 827-3776

Christian Gagnon

Oies des neiges

Attraits

C'est d'abord une région naturellement pittoresque, surtout l'Île-aux-Grues avec son petit village, ses campagnes et ses immenses battures (zones du rivage découvertes à marée basse). L'air du fleuve se mélange aux arômes des prés pour former un parfum inhabituel. Le fleuve change à cet endroit. La transition se fait entre l'eau douce et l'eau salée. On se trouve au début ou à la fin de l'aire de distribution de 150 espèces de plantes de rivage et aquatiques. Les marées atteignent une amplitude de six mètres, les plus fortes du Saint-Laurent.

Les oies des neiges ont adopté ces lieux et, chaque année, elles s'y arrêtent en grand nombre. On les voit près des îles, sur les battures et à l'embouchure de la rivière du Sud à Montmagny. Au printemps, lorsque les oies reviennent du sud, elles seront plus de 100 000 à s'arrêter sur les battures et dans les prés de l'île aux Grues. Elles seront aussi des milliers à s'alimenter près du quai de Montmagny. C'est d'ailleurs un excellent endroit pour les observer à partir de la rive. À l'automne, elles s'arrêteront de nouveau avant d'entreprendre le long périple qui les mènera jusqu'aux Carolines. Les canards barboteurs, les sarcelles et les canards noirs viennent au début de l'automne et les canards plongeurs, comme les morillons, y viennent vers la fin octobre et pendant tout le mois de novembre.

Services et activités

La famille Lachance exploite un service d'excursion écologique aux îles en collaboration avec la Société linnéenne du Québec. Les commentaires du capitaine et les notes écologiques des naturalistes de la Société forment un ensemble agréable et haut en couleur. On vous offre différents types d'excursions, selon les années.

Saison

Les mois de mai, juin et octobre sont les plus fructueux pour qui recherche les oiseaux migrateurs. La fin juillet et le début d'août ravit les amateurs de panoramas marins.

Accès	Montmagny est situé à 55 km de Québec, sur la rive-sud du Saint-Laurent.
Coûts	Les tarifs changent toutes les saisons et selon le type d'excursion désiré.
Informations	Croisière Jos Lachance et fils 19, rue des Canotiers Montmagny (Qc) G5V 2B9 (418) 248-0948
	Société linnéenne du Québec 1675, avenue du Parc Sainte-Foy (Qc) G1W 4S3 (418)653-8186

André Cyr

Oies des neiges

Attraits

«Un îlot du grand nord québécois», telle pourrait être l'appellation du parc provincial des Grands-Jardins. Comme pour ajouter à la splendeur des lieux, des caribous introduits entre 1967 et 1968 habitent en permanence la majeure partie du parc. Ce troupeau d'environ 80 têtes vit naturellement en profitant de l'abondance du lichen, nourriture essentielle à sa survie.

La flore aussi est particulière, puisqu'on la décrit comme étant une pessière à cladonie, où l'on retrouve des épinettes noires clairsemées sur un tapis de lichen. Ce phénomène est exceptionnel à cette latitude. On le retrouve habituellement beaucoup plus au nord. L'orignal est un autre habitant de cette région. Il préfère la partie marécageuse du parc appelée La Cuvelle. Dans le parc, on trouve plusieurs tourbières, dont celle du lac Malbaie.

Le sentier du Mont du lac des Cygnes est très bien aménagé et ceux et celles qui se sentent l'âme d'un explorateur n'hésiteront pas à le parcourir. Vous y découvrirez une flore très spéciale et surtout des panoramas exceptionnels à une altitude de 950 mètres environ. Prévoyez entre 1 h 30 à 2 h de marche. Le Mont des Enfers est également accessible. Il est d'une hauteur de 1000 mètres environ.

Services et activités

L'accueil des visiteurs et l'information se situent près du Lac Turgeon, sur le site du Château-Beaumont. L'interprétation de la nature joue un rôle important au parc. Les thèmes que l'on y présente portent largement sur la pessière à cladonie et la présence du caribou. D'autres activités comme le canot-camping, la pêche, la promenade en chaloupe, la visite en automobile, la randonnée pédestre et l'escalade figurent dans les possibilités. Toujours au Lac Turgeon, les visiteurs trouveront un centre de dépannage alimentaire et une boutique de location d'équipement. Le camping est permis au Lac Arthabaska entre le 23 mai et le 7 septembre.

Saison	Ouvert toute l'année, mais la plupart des activités sont offertes entre la mi-mai et la fin de septembre, sauf le ski de fond de longue randonnée, que l'on peut pratiquer en hiver sur réservation au (418) 639-2284.
Accès	Sur la route 138, un peu avant Baie-Saint-Paul, tournez vers Saint-Urbain sur la route 341 et rendez-vous au poste d'accueil.
Coûts	L'accès est gratuit mais la location d'équipement est tarifée.
Informations	Ministère du Loisir, de la Chasse et de la Pêche Parc des Grands-Jardins 9530, rue de la Faune Charlesbourg (Qc) G1G 5H9 (418) 846-2218 (été) et 622-4444 (hiver)

Caribou

Attraits

Le secteur des gorges est un immense territoire de 233 km^2 où, à lui seul, le spectacle des failles dans les montagnes vaut le déplacement. Pour le naturaliste, la diversité de la végétation et son caractère particulier, du fond de la vallée jusqu'au sommet de 1000 mètres, constituent un attrait majeur, voire unique. Des ormes d'Amérique énormes jusqu'aux arbres rabougris des sommets, vos sens sont continuellement mis à contribution. Un alpiniste connu a déjà dit des gorges qu'elles étaient les falaises les plus belles et les plus élevées de l'Est canadien. Sur les sommets vous fréquentez de près la flore de la toundra, le froid en moins. Et du haut du sentier qui vous conduit à plus de 800 mètres d'altitude, les plus audacieux découvriront le tout Charlevoix avec ses petites localités, le fleuve, les vallées et les montagnes des Laurentides.

Services et activités

Il n'y a pas encore de services disponibles mais l'Association touristique de Charlevoix offre aux intéressés des cartes des accès et des sentiers. On peut pratiquer dans ce secteur la randonnée pédestre de courte et moyenne durée, le canotage, l'escalade, la bicyclette et le camping rustique.

Saison

Accessible principalement de juin à octobre, avec moins de mouches en août et septembre, lorsque la coloration automnale commence à se manifester.

Accès

Les gorges sont situées à 27 km de La Malbaie, en passant par Saint-Aimé-des-Lacs et le rang Mainsal.

Coûts

Puisqu'aucun service n'est encore disponible, aucun tarif n'est exigé des personnes qui veulent fréquenter le territoire.

Informations

A.T.R. Charlevoix
C.P. 417
166, rue Comporté
La Malbaie (Qc) G0T 1J0
(418) 665-4454

Attraits

Ce territoire aux magnifiques panoramas couvre 95 hectares de montagnes, de lacs et de rivières le long de l'estuaire du Saint-Laurent. Les visiteurs qui veulent, entre autres, apprendre à connaître les oiseaux et les plantes, comprendre l'impact d'un météorite tombé dans Charlevoix il y a des milliers d'années, vivre une activité d'initiation à l'astronomie et visiter des îles, seront bien servis. Le centre a aménagé son propre réseau de sentiers écologiques. Faciles d'accès, ils permettent d'explorer les principaux milieux. S'arrêter trois heures à Port-au-Saumon constitue une halte dans une oasis paisible, dans des paysages naturels typiques de Charlevoix.

Services et activités

L'organisme est à la fois un centre d'interprétation et une base de plein air orientée vers les sciences naturelles. Il offre tous les services normalement rattachés à ce genre d'établissement: camps d'été, hébergement pour la famille et les groupes, repas, buanderie, installations accessoires (bibliothèque, laboratoire).

L'interprétation de la nature et la connaissance des phénomènes naturels sont en vedette dans les sentiers. L'astronomie et les excursions hors-centre figurent parfois au programme.

Saison

La principale période d'activité du Centre va du début de juin à la fin de septembre. En dehors de celle-ci, mieux vaut téléphoner ou demander des renseignements.

Accès

Situé à 20 km à l'est de La Malbaie, sur la route 138.

Coûts

Pour connaître tous les tarifs reliés aux séjours des jeunes, des groupes et des familles, vous devrez communiquer avec le Centre, car ils sont sujets à changements. L'accès au Centre est gratuit mais la plupart des activités d'interprétation exigent des déboursés.

Informations

Centre écologique de Port-au-Saumon
Saint-Fidèle, comté de Charlevoix (Qc)
G0T 1T0   (418) 434-2209

Attraits

Les imposantes falaises qui se dressent dans cette région de Charlevoix sont impressionnantes et le promeneur désirant admirer le spectacle doit absolument s'arrêter au CEF de Les Palissades pour y parcourir le sentier L'Aigle, jusqu'au «perchoir». Le panorama en vaut la peine.

Mais Les Palissades ne sont pas seulement des failles et des rochers escarpés. C'est aussi un milieu écologique particulier avec des peupliers, des pins, des sapins et des bouleaux. Dans cet habitat évolue une faune qui a su s'adapter au relief du paysage: le grand corbeau niche sur les parois; le colibri profite de la présence d'une plante des milieux rocheux, l'ancolie; la gélinotte huppée et le bruant à gorge blanche se partagent le territoire près des cours d'eau. Observez bien et peut-être apercevrez-vous le grand-pic.

Services et activités

Le pavillon d'interprétation sert de point de départ au réseau de trois sentiers. Il abrite les salles de projection et d'exposition. L'interprétation traite principalement des phénomènes géologiques et forestiers et les services sont offerts aux groupes et aux individus.

Saison

Ouvert de la mi-mai à la fin d'octobre. En hiver, téléphonez avant de vous rendre au Centre.

Accès

A partir de Saint-Siméon, empruntez la route 170 vers le nord (13 km).

Coûts

L'accès et les services de base sont gratuits.

Informations

CEF Les Palissades
Saint-Siméon, comté Charlevoix (Qc)
G0T 1X0
(418) 638-2442

MER

Les Palissades

Attraits

Le site surplombe l'embouchure du fjord du Saguenay et permet de voir le Saint-Laurent dans toute sa largeur. On connaît Pointe-Noire pour sa population résidente de 500 bélugas, petites baleines blanches appelées parfois cochons des mers. Des installations permettent de scruter l'horizon à la recherche des cétacés (bélugas, rorqual commun, rorqual bleu et petit rorqual). La réalisation d'un sentier bien aménagé permet une meilleure observation à partir d'une plate-forme et d'escaliers offrant toute sécurité. Quelques oiseaux marins, dont les eiders, les cormorans, les sternes et les mouettes, peuvent être observés.

Services et activités

C'est dans sa gamme de services éducatifs qu'une visite à Pointe- Noire prend de la valeur. Parcs Canada et la Société linnéenne du Québec ont en effet aménagé le vieux phare de l'endroit et y ont installé une tour d'observation, une salle d'exposition qui présente des thématiques sur les mammifères marins, et une salle de projection où plusieurs documentaires intéressants sont mis à votre disposition. Des guides naturalistes sont sur place afin de vous renseigner. L'hébergement est possible à peu de frais à Baie-Sainte-Catherine, renseignez vous au centre d'interprétation.

Saison

De la mi-juin à la mi-octobre avec une forte intensité de l'activité faunique en août et septembre.

Accès

La halte côtière de Pointe-Noire est située entre Baie-Sainte-Catherine et la traverse de Tadoussac, sur la rive nord du Saint-Laurent.

Coûts

Les frais d'entrée sont minimes et justifiés.

Informations

Société linnéenne du Québec
1675, avenue du Parc
Sainte-Foy (Qc) G1W 4S3
(418) 237-4383 (en saison) et 653-8186 (hors-saison)

SAGUENAY — LAC-SAINT-JEAN

1- Parc national du Saguenay

2- Trou de la Fée, Desbiens

3- Village historique de Val-Jalbert

4- Centre historique aquatique de Roberval

5- Musée amérindien de Pointe-Bleue

6- Sentiers de la nature du zoo de Saint-Félicien

7- Parc de la Pointe-Taillon

8- Musée de la nature de Sainte-Rose-du-Nord

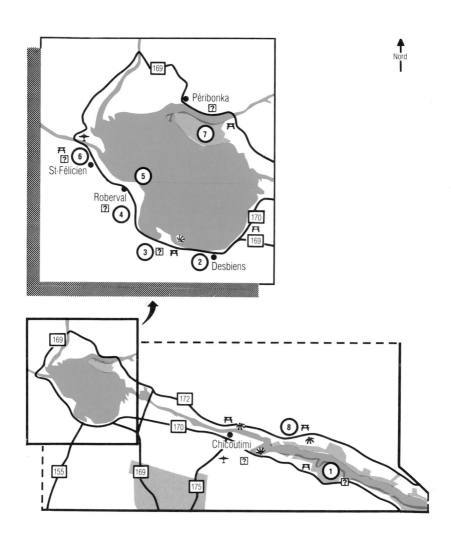

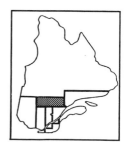

Attraits

Le Saguenay est un fjord, une vallée glaciaire surcreusée et envahie par la mer. Ce phénomène est unique au Québec. Dans la région de la baie Éternité, cet aspect géomorphologique prend l'allure d'un spectacle grandiose alors que les caps Trinité et Éternité se dressent à plus de 300 mètres pour replonger abruptement dans les eaux de la rivière. Un délice pour les yeux.

Le parc du Saguenay est grand et couvre les deux rives du Bas-Saguenay. Près de Tadoussac, les dunes de sable offrent aux amateurs de vol à voile et de ski de sable un site de premier choix. Pour l'ornithologue, ce secteur est riche en canards de mer (eider à duvet et garrot à oeil d'or) et en oiseaux marins. Le fjord abrite une faune aquatique particulière aux mers arctiques. Il est fréquenté par les bélugas et le saumon de l'Atlantique. Plus à l'intérieur des terres, la faune ailée et terrestre est intéressante sans être exceptionnelle.

De village en village, sur les deux rives de la rivière, ce panorama magnifique vous éblouira. La qualité des aménagements vous incitera peut-être à parcourir le parc dans son entier.

Services et activités

Les villages intégrés dans le parc deviennent des centres de services où vous trouverez gîte et nourriture.

L'interprétation de la nature, moyen privilégié pour découvrir les richesses du parc, est d'abord favorisée par l'exposition permanente tenue au pavillon situé au fond de la vallée de la rivière Éternité. On pourra aussi profiter des causeries, projections, visites guidées et panneaux d'interprétation situés dans les principaux endroits dignes d'intérêt.

Les sentiers de courte randonnée sont situés dans les secteurs du cap Trinité et de la baie Éternité; 28 km de sentiers aménagés répondent aux besoins des amateurs de longues randonnées qui, sur réservation, pourront profiter des campings rustiques et des refuges. La pêche à la journée, le pique-nique, le camping et la navigation de plaisance figurent aussi au tableau des activités possibles.

Saison
De mai à octobre; juillet, août et septembre sont peut-être les mois les plus propices à l'observation de la faune.

Accès
Suivre la route 138 jusqu'à Saint-Siméon; de là, accéder au poste d'accueil de Tadoussac en continuant par la même route ou bifurquer vers la route 170 pour se rendre au poste d'accueil de Rivière Éternité.

Coûts
Frais de stationnement aux principaux pôles d'activités.

Informations
Parc du Saguenay
491, boul. de la Grande Baie
Ville de la Baie (Qc) G7B 1G3
(418) 544-7388

Attraits

Accessible à toute la famille, cette grotte vous permet d'entrer en contact avec le monde fascinant de la spéléologie. La principale galerie peut être visitée sur une longueur de 70 mètres et atteint par endroits une profondeur d'environ 35 mètres. Avec l'aide de guides, vous en découvrirez les mille et un secrets. On dit que cette grotte est unique au Canada. Prévoyez des vêtements chauds car l'endroit est très humide. Des bottes imperméables sont aussi très utiles.

Services et activités

Accueil, visites guidées.

Saison

Du 24 juin au 1er septembre.

Accès

Par la 7e avenue; situé au centre du village de Desbiens.

Coûts

L'entrée est tarifée et des prix spéciaux sont consentis aux groupes.

Informations

Trou de la Fée
925, rue Hébert
Desbiens (Qc) G0W 1N0
(418) 346-5642

Attraits

Dans un décor historique à nul autre pareil, découvrez un des plus beaux sites d'observation du Lac Saint-Jean. Vous pouvez fréquenter ce lieu pour son histoire, ses vieilles maisons restaurées et ses musées. Ses sentiers de randonnée vous amènent jusqu'au belvédère d'où vous apercevez le village, bien sûr, mais aussi le lac Saint-Jean dans toute sa majesté. Les musées abritent des témoignages du passé et de l'histoire naturelle de la région, dont un important herbier. Près du village, la chute de Val-Jalbert constitue une curiosité qui vaut le détour.

Tout près de la limite sud du terrain de camping de l'endroit, un court sentier mène à la grotte à Philomène. On y observe une très belle arche naturelle, de dimensions modestes mais de forme intéressante. En aval, une seconde entrée donne sur une autre partie de la grotte. Au village historique de Val-Jalbert toute la famille trouvera son compte. Prévoyez une bonne demi-journée.

Services et activités

Administré par le gouvernement provincial, le site est bien aménagé: camping, sentiers de randonnées variant de 0,5 à 10 km de longueur, restaurant, casse-croûte, aires de pique-nique, débarcadère. En hiver, on peut y pratiquer la raquette et le ski de randonnée.

Saison

Ouvert toute l'année avec le maximum de services de juin à la Fête du travail.

Accès

Situé sur la route 169, au sud de Roberval.

Coûts

Frais de stationnement.

Informations

Village historique de Val-Jalbert
Route 169, C.P. 66
Roberval (Qc) G8H 2N4
(418) 275-3132

Attraits

La visite au centre prend rapidement l'allure d'un voyage dans le temps, car tous les aménagements nous plongent au coeur de l'histoire naturelle et humaine du Lac Saint-Jean.

Découvrez d'abord l'immensité de ce lac, son histoire géomorphologique depuis la dernière glaciation et les peuplades qui l'ont colonisé. Apprenez ensuite à connaître ses principales espèces de poissons, dont la réputée ouananiche. Les maquettes et les modules sont «vivants», puisqu'ils font appel à votre participation. Enfin, à bord du «Sieur de Roberval», un sous-marin imaginaire, laissez-vous transporter dans le passé humain de la région.

Services et activités

Prévoyez une demi-journée pour visiter les expositions et participer à une activité guidée.

Saison

Ouvert de mai à septembre, de midi à 17 h, en début et fin de saison et de 10 à 22 h en pleine saison touristique.

Accès

Situé dans la ville de Roberval, sur le boulevard de la Traversée.

Coûts

Prix d'entrée modique.

Informations

Centre historique aquatique
700, boul. de la Traversée, C.P. 325
Roberval (Qc) G8H 2N7
(418) 275-5550

MUSÉE AMÉRINDIEN DE POINTE-BLEUE

Attraits

Ce musée amérindien devient une halte importante pour tous les amants de la nature puisqu'il raconte l'histoire d'hommes et de femmes qui ont vécu et vivent encore en symbiose avec elle. Les collections que l'on y présente décrivent la vie, les moeurs et les traditions des Montagnais. En voyageant dans le temps avec ce peuple, on découvre non seulement la faune et la flore locales, mais aussi les relations privilégiées qu'il entretient avec elles.

En passant par le Lac Saint-Jean, une halte à Mashteuiatsh (Pointe-Bleue) vaut bien l'arrêt d'une heure et demie qu'elle exige.

Services et activités

Expositions permanentes et expositions thématiques.

Saison

Ouvert en semaine toute l'année de 8 h à 16 h. En été, le musée ouvre aussi les fins de semaine et en soirée.

Accès

Situé rue Amishk, dans le village de Pointe-Bleue, entre Roberval et Saint-Prime.

Coûts

Visite du musée: 2 $ par adulte et 1 $ par enfant ou personne de l'âge d'or (1987).

Informations

La Société d'histoire et d'archéologie
407, rue Amishk
Pointe-Bleue (Qc) G0W 2H0
(418) 275-4842

SENTIERS DE LA NATURE DU ZOO DE SAINT-FÉLICIEN

Attraits

La particularité du zoo de Saint-Félicien est sans contredit son parc des sentiers de la nature où les visiteurs changent de place avec les animaux: les visiteurs se trouvent derrière les barreaux et les animaux évoluent en toute liberté...ou presque. Cet aménagement confère un caractère exceptionnel à la visite en donnant l'impression d'observer les animaux dans leur habitat naturel, même si on sait pertinemment que le parc est clôturé. Parmi les autres originalités du site, notons l'aspect historique de la visite; on a aménagé un poste de traite du siècle dernier, un village amérindien, un campement de *jobbers*. Les milieux naturels des animaux de la faune canadienne ont été respectés. Ainsi, on a pris beaucoup de soin à recréer des plaines pour les bisons, des montagnes pour les chèvres, des lacs et des rivières pour les castors et les caribous, etc.

Services et activités

Les pouvoirs publics tendent à développer davantage les services éducatifs dans les zoos et celui de Saint-Félicien suit le mouvement. Pour vous rendre dans le parc des sentiers de la nature, vous devrez embarquer à bord d'un petit train offrant toute sécurité. Des arrêts sont prévus. Autres services: restaurant, casse-croûte, amusements, kiosque de souvenirs, toilettes.

Saison

Le zoo est ouvert du 31 mai au 21 septembre. En septembre, plusieurs centaines de canards sauvages viennent rejoindre les canards des étangs artificiels; un bon endroit pour apprendre à les reconnaître.

Accès

Par la route 169 jusqu'à Saint-Félicien.

Coûts

L'accès au site ainsi que celui aux sentiers de la nature sont tarifés séparément; pour un adulte, le coût total des activités s'élevait à 8 $ en 1987.

Informations

Jardin zoologique de Saint-Félicien
2230, boul. Onésime-Gagnon, C.P. 520
Saint-Félicien (Qc) G0W 2N0   (418) 679-0543

Michel Quintin

Ours noirs

Attraits

Il offre une superbe plage donnant accès au Lac Saint-Jean et un milieu naturel caractéristique de la région des basses terres du Saguenay — Lac-Saint-Jean. Le territoire renferme de vastes marais, des marécages et des tourbières. Dans ces lieux humides, les observateurs trouveront la sarracénie pourpre, plante insectivore des tourbières, des oiseaux comme les moucherolles, les canards et les bernaches, des mammifères omniprésents comme le castor, l'orignal et le vison, ainsi que plusieurs amphibiens, invertébrés et autres représentants de la faune locale. Le paysage qu'offre le delta digité est unique. Il s'agit d'un immense banc de sable façonné par les vents au coeur de la Pointe-Taillon.

Services et activités

L'accueil des visiteurs se fait principalement au bout du rang 3 de Saint-Henri-de-Taillon: l'entrée principale du parc conduit à la plage et aux terrains de camping. On y pratique plusieurs activités nautiques: planche à voile, dériveur, canot et embarcation motorisée. Le parc est bien pourvu pour satisfaire les adeptes de la marche, du vélo et du ski de fond. Des panneaux d'interprétation de la nature, ainsi que des brochures, que l'on retrouve aussi au centre d'accueil, leur fournissent tous renseignements utiles. Des interprètes de la nature sont disponibles selon les saisons.

On peut facilement passer une ou deux journées dans ce parc et certains peuvent même y passer une semaine, car les activités sont nombreuses et diversifiées.

Saison

De la mi-juin au début de septembre, avec un sommet d'activité faunique vers la fin du mois d'août.

Accès   L'entrée principale se situe au bout du rang 3
                 de Saint-Henri-de-Taillon, sur la rive nord du Lac
                 Saint-Jean à l'embouchure de la rivière
                 Péribonca.

Coûts   L'entrée est gratuite mais le stationnement est
                 payant. Certains services de location
                 d'équipements exigent des déboursés.

Informations Parc de la Pointe-Taillon
                 Ministère du Loisir, de la Chasse et de la Pêche
                 825, rang 3 sud
                 Saint-Henri-de-Taillon (Qc) G0W 2X0
                 (418) 542-4781

Attraits

Les artistes Agnès et Jean-Claude Grenon, fondateurs du musée, ont ramené de la forêt des trésors qu'on vous présente dans un décor simple et accueillant. Patiemment, ils ont collectionné des dizaines de loupes et de cicatrices d'arbres de toutes formes. Ils ont aussi récupéré plusieurs animaux qu'ils ont naturalisés, faute de n'avoir pu les sauver de la mort. Enfin, leur petit musée recèle plusieurs objets naturels insolites, comme cette roche vieille de 900 millions d'années et des fossiles étonnants.

Services et activités

Ne manquez pas de participer à la visite commentée par les propriétaires. Il est possible de coucher sur place et de profiter d'un forfait «chambre et petit déjeuner».

Saison

Ouvert toute l'année.

Accès

Le musée est situé dans le village, rue de la Montagne.

Coûts

Le prix d'entrée varie d'année en année. Renseignez-vous sur place ou téléphonez au numéro indiqué plus bas.

Informations

Agnès Villeneuve-Grenon
197, rue de la Montagne
Sainte-Rose-Du-Nord (Qc) G0V 1T0
(418) 675-2348

BAS SAINT-LAURENT, GASPÉSIE ET ÎLES-DE-LA-MADELEINE

1- Musée François Pilote
2- Sentier de la batture de Kamouraska
3- Centre éducatif forestier de Parke
4- Centre d'interprétation scientifique du Témiscouata
5- Randonnée équestre au Témiscouata
6- Réserve nationale de la faune de la Baie de l'Île-Verte
7- Sentier d'interprétation de la nature Sénescoupé
8- Île aux Basques et les îles Razades
9- Traverse Trois-Pistoles — les Escoumins
10- Parc du Bic
11- Centre éducatif forestier de Macpès
12- Marais salin et Musée de la mer
13- Centre d'interprétation du saumon de l'Atlantique
14- Jardins de Métis
15- Sentier spéléologique de la Rédemption
16- Traverse Matane — Godbout — Baie-Comeau
17- Matane, réserve et passe migratoire
18- Parc de la Gaspésie
19- Parc national de Forillon
20- Île Bonaventure et Percé
21- Musée des cavernes de Saint-Elzéar
22- Centre éducatif forestier Baie des Chaleurs
23- Parc Miguasha (site fossilifère)
24- Île Brion, Îles-de-la-Madeleine

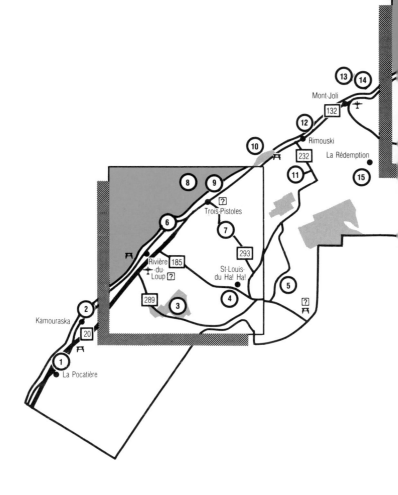

Mont-Joli

13 14

132

12

10 Rimouski

232 La Rédemption

11

8 9 15

Trois-Pistoles

6 7

293

185

Rivière-du-Loup St-Louis-du Ha! Ha!

5

289 4

3

2

Kamouraska

20

1 La Pocatière

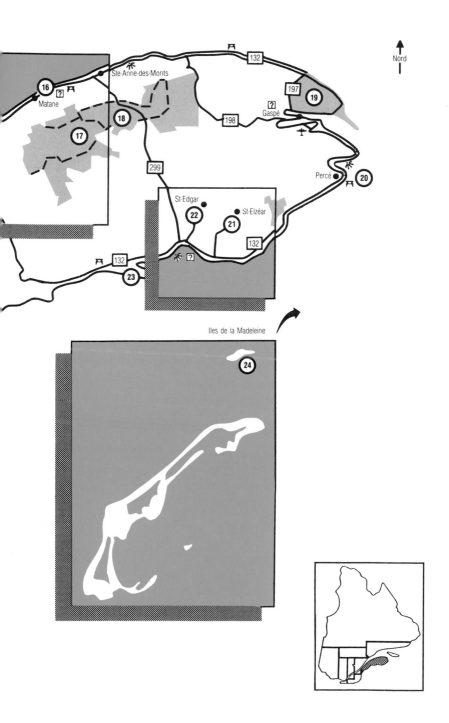

Nord

Ste-Anne-des-Monts

16 Matane

17

18

132

197

19

198

Gaspé

20 Percé

St-Edgar

22

21 St-Elzéar

132

23 132

Iles de la Madeleine

24

155

MUSÉE FRANÇOIS-PILOTE

Attraits

Collection permanente de 400 spécimens d'oiseaux empaillés, dont quelques tourtes, oiseaux disparus au début du siècle. On y retrouve aussi 70 mammifères, plusieurs coquillages, des poissons, des insectes et des papillons. Le musée présente parfois des expositions à thème et des expositions itinérantes. Ce musée n'est peut-être pas l'endroit idéal pour toute la famille, mais les «mordus» des sciences naturelles y trouvent leur compte.

Services et activités

Accueil seulement.

Saison

Le musée est ouvert tous les jours de 9 h à 17 h et le dimanche de 13 h à 17 h. Du mois d'octobre au mois de mai, le musée est fermé le samedi. Prévoyez au minimum deux heures pour la visite.

Accès

Le musée est situé à La Pocatière, entre Rivière-du-Loup et Québec, tout près du collège.

Coûts

Prix d'entrée : adulte 2 $, enfant 1 $ (1987). Prix spéciaux pour les groupes.

Informations

Musée François Pilote
100, 4è avenue
La Pocatière (Qc) G0R 1Z0
(418) 856-3145

SENTIER DE LA BATTURE DE KAMOURASKA

Attraits

On appelle batture la partie du rivage marin découverte à marée basse. Ce sentier part de Saint-Denis et se rend jusqu'à Kamouraska. Il longe les battures de Kamouraska en ayant pour fond les aboiteaux, des digues de terre érigées afin d'empêcher l'eau salée d'inonder les terres agricoles. Ces endroits sont toujours riches en oiseaux de rivage, canards nicheurs et échassiers, comme le grand héron. La flore de ces milieux est d'un intérêt particulier; heureux sont ceux qui arrivent sur place avec leur guide des plantes du bord de mer. Parmi les mammifères, on trouve des rats musqués et des marmottes. Un service d'excursions autour des îles avoisinantes est également offert aux visiteurs et conviendra parfaitement aux amateurs d'oiseaux marins, qui y découvriront près de 70 espèces.

Services et activités

Rendez-vous d'abord au pavillon d'interprétation afin de vous initier à l'écosystème du milieu grâce à une exposition permanente qui vous guide dans vos découvertes. Les naturalistes, pour leur part, faciliteront votre exploration en interprétant les réalités des patrimoines historique, agricole et naturel du milieu. Les aboiteaux, qui servent aussi de sentier, peuvent être parcourus sur une distance d'environ 5 km.

Saison

Le centre est ouvert du 24 juin au 3 septembre, de 8 h 30 à 17 h, quoique les groupes désirant visiter l'endroit puissent être acceptés hors-saison. On est prié de se renseigner d'abord.

Accès

Vous apercevrez le pavillon de la route 132, à 1 km à l'est de Saint-Denis.

Coûts

L'entrée n'est pas gratuite mais le tarif est minime (environ 1 $ par personne). La promenade aux îles n'est pas gratuite non plus et vous devrez téléphoner d'abord, car les tarifs changent selon les années.

Informations

L'Aboiteau de Kamouraska inc.
301, rang Haute-ville
Kamouraska (Qc) G0L 1M0   (418) 498-5410

CENTRE ÉDUCATIF FORESTIER DE PARKE

Attraits

Ce centre éducatif du ministère de l'Énergie et des Ressources est l'un des premiers à avoir vu le jour dans les années 70. Il est installé sur un territoire de 375 ha représentatif de la région. Ses sentiers parcourent les plus beaux sites et des belvédères vous feront découvrir des paysages magnifiques. Des oiseaux forestiers, des mammifères comme le castor (facile à apercevoir si vous êtes patient) et l'orignal, une flore diversifiée, voilà de quoi vous émerveiller pendant votre séjour dans la réserve. Trois lacs où se rendent les sentiers attirent souvent la faune de passage; les canards, par exemple. Découvrir les sentiers de Parke, c'est consacrer au minimum trois heures de son temps; un investissement qui en vaut la peine.

Services et activités

Le pavillon d'accueil est en même temps la salle d'exposition et de projection où l'on vous initie à la forêt régionale. Les quatre sentiers d'interprétation de la nature totalisent 10 km et il y en a pour tous les goûts: du court sentier, «le lacustre», d'une longueur d'à peine 1 km, au sentier «le fourchu», long de 4,4 km. Des interprètes de la nature sont disponibles pour les groupes sur réservation. Des panneaux d'interprétation et des brochures vous aideront à élucider les mystères naturels du site. Les pique-niques sont possibles.

Saison

Ouvert sept jours par semaine, de la fin mai à la mi-octobre ; mais quand les budgets le permettent, le centre est également ouvert l'hiver et vous offre alors deux sentiers de raquettes.

Accès

A partir de l'autoroute 20 vous prenez la route 289 vers Saint-Alexandre de Kamouraska. A 16 km au sud du village, vous croiserez l'entrée du centre. Vous ferez environ 3 km de route de terre avant d'arriver au pavillon.

Coûts

L'entrée est gratuite.

Informations

Centre éducatif forestier de Parke
C.P. 217
Saint-Alexandre (Qc) G0L 2G0
(418) 495-2153

CENTRE D'INTERPRÉTATION SCIENTIFIQUE DU TÉMISCOUATA

Attraits

Véritable complexe scientifique accessible à tous les amateurs de loisirs scientifiques. Le centre présente plusieurs particularités dont la bâtisse elle-même, construite de façon à assurer son autosuffisance énergétique grâce à des panneaux solaires, une éolienne et un système de thermopompes très élaboré. Bien que pensé d'abord pour l'utilisation astronomique, le centre offre aux visiteurs bien des découvertes dans les domaines de la physique, des sciences naturelles et des sciences de la terre.

Services et activités

Soirées d'observation astronomique, visite d'un mini-planétarium, collections de minéraux et de météorites, observation ornithologique, visite d'un jardin hydroponique et d'un centre de documentation écrite et audiovisuelle. Des services spéciaux peuvent être consentis aux groupes.

Saison

Ouvert toute l'année. N'hésitez pas à consacrer une demi-journée de votre prochain voyage dans le Témiscouata pour visiter ce centre.

Accès

Le centre est situé sur le chemin Bellevue, près de Saint-Louis-du-Ha!Ha! dans le comté de Témiscouata, sur la route 185 qui relie Rivière-du-Loup à Cabano.

Coûts

Prix d'entrée: adultes, 2 $; enfants, 1 $ (1987).

Informations

Centre d'interprétation scientifique
du Témiscouata
Chemin Bellevue
Saint-Louis-du-Ha!Ha! (Qc) G0L 3S0
(418) 854-2172

Attraits

Il y a un endroit que tous les naturalistes amateurs et professionnels devraient connaître: Le Ranch des Montagnards. Pourquoi? Parce qu'on y offre la plus fantastique des activités de découverte de la nature: une randonnée équestre de moyenne ou de longue durée (2 à 7 jours). Pas besoin d'être un cavalier expérimenté. Le Ranch fournit même les leçons d'initiation avant de vous guider dans ses 320 km de sentiers aménagés. Et que dire du décor! Des forêts variées, des plages sablonneuses, des champs en friche, des rivières à traverser. Pendant toute la durée de l'expédition, vous circulez d'un gîte à l'autre en dînant tantôt dans une érablière, tantôt aux abords du grand lac Témiscouata. Les guides connaissent bien la région et ils pourront répondre à vos questions sur la faune et la flore. Pas de bruit! Pas d'énervement! Le calme de la forêt. Vous apprivoiserez tranquillement votre monture. Que demander de plus? À vivre.

Services et activités

Voici la gamme des services offerts: hébergement, repas, location de cheval à la journée ou pour une randonnée, cours d'initiation à la randonnée équestre, promenades en carriole, jeux équestres, promenades au clair de lune, animation, randonnées en forêt dans la neige, randonnées de 2 à 7 jours, à votre guise.

Saison

Le ranch est ouvert été comme hiver. Les mois de juin, août, décembre et mars sont probablement les plus beaux et les plus cléments de ce coin de pays.

Accès

A partir de Cabano, suivez la route 232 vers le nord, jusqu'à Squatec, où vous bifurquez vers l'est en direction d'Auclair. Le ranch est situé dans le 12e rang de cette paroisse. Si vous préférez venir par Notre-Dame-Du-Lac, vous empruntez le traversier jusqu'à Saint-Juste; de là, dirigez-vous vers Lots-Renversés et, enfin, tournez vers Auclair.

Christian Proulx

Coûts   Téléphonez pour connaître les frais reliés aux
                  différentes activités.

Informations Ranch des Montagnards
                  Rang 12
                  Auclair (Qc) G0L 1A0
                  (418) 899-2863

RÉSERVE NATIONALE DE LA FAUNE DE LA BAIE DE L'ÎLE-VERTE

Attraits

Sanctuaire fédéral pour la protection des oiseaux qui fréquentent ce site. Les eiders, les canards noirs et plusieurs espèces d'oiseaux de rivage vivent et nidifient dans cette réserve qui est sous la juridiction du Service canadien de la faune. Le milieu par lui-même constitue un attrait important de par sa nature. Il s'agit en effet d'une baie parsemée de dizaines de petits marais salins qui grouillent littéralement de vie. Ces petits marais se nomment marelles. Ils sont remplis de petits poissons brun verdâtre au ventre argenté et munis d'épines sur le dos: les épinoches. Sur les grosses pierres qui parsèment la zone des marées, vous verrez peut-être le bihoreau à couronne noire ou les cormorans à aigrettes occupés à se faire sécher. Avec un peu de chance, vous risquez de surprendre un phoque gris se dorant au soleil.

J'aime ce sanctuaire où j'ai vu pour la première fois un bruant à queue aiguë (ou pinson si vous préférez). C'est le royaume du busard Saint-Martin, que vous verrez presque à coup sûr. A peine une heure suffit au visiteur pressé pour faire «le tour du jardin», mais l'observateur patient risque d'y découvrir des choses extraordinaires. L'un d'eux a aperçu, il y a quelques années, une aigrette garzette, oiseau d'un autre continent.

Services et activités

Accueil à la Maison Girard et interprétation de la nature assurée par des panneaux d'interprétation. Vous pouvez vous rendre sur l'île même (informez-vous à l'accueil) et profiter d'un service de location de vélo de montagne pour vous déplacer une fois rendu à destination. Sur l'île, ne manquez pas d'aller voir les fumoirs à poissons, le vieux phare et les pêches à fascines. Des services d'interprétation sont disponibles sur l'île. Dans la baie, trois sentiers d'interprétation vous sont offerts pour un total d'environ 5 km.

Ils circulent tantôt sur l'aboiteau (espèce de barrage de terre qui empêche l'eau de la marée montante de recouvrir les terres mais qui est muni d'un système qui permet l'évacuation des eaux de drainage), tantôt dans le marais à spartine ou près des boisés. La Société linéenne du Québec offre, en collaboration avec la Société de conservation de la baie de l'Île-Verte, des excursions de 1 à 4 jours en voilier à partir de Tadoussac à l'Île-Verte.

Saison

De la mi-juin au début de septembre, tous les jours de 9 h à 17 h. Les périodes d'observation les plus propices sont les mois de mai, juin, septembre et octobre. Les sentiers sont accessibles, même si le centre d'interprétation est fermé.

Accès

Rendez-vous à la maison Girard, 371, route 132, Île-Verte, ou directement au quai du village.

Coûts

Entrée gratuite pour les sentiers dans la baie mais prévoyez des frais pour la traversée sur l'île.

Informations

Société de conservation de la Baie de l'Île-Verte
C.P. 9
Île-Verte (Qc) G0L 1K0
(418) 898-2757

Attraits

Attention aux géologues amateurs, car ce sentier de 6 km vous transporte dans un canyon de 65 mètres d'où il vous sera possible de voir des grottes, des marmites et des chutes magnifiques. Quelques belvédères sont à votre disposition. Ici, les thuyas (cèdres) poussent à flanc de montagne, ainsi que les pins rouges. Il est malheureux que ce site ne soit pas mieux entretenu car son potentiel est grand. En attendant, l'endroit est conseillé aux amateurs de sentiers de randonnée plutôt rustiques.

Services et activités

Aucun service spécialisé, mais le sentier est entretenu au minimum par la municipalité.

Saison

La période d'accès au site se situe entre les mois de mai et octobre. Sans en faire une destination, le détour au sentier Sénescoupé plaît aux amateurs de beaux sites, capables de parcourir sans problème 6 km de sentier de randonnée.

Accès

A partir de Trois-Pistoles, par la route 293 jusqu'à Saint-Clément (30 km) où, dans la rue principale, vous apercevrez une annonce vous indiquant le départ du sentier.

Coûts

Gratuit.

Informations

Municipalité de Saint-Clément (Qc)
G0L 2N0
(418) 963-3746

Attraits

Depuis 1929, les îles appartiennent à la Société Provencher et sont devenues des sanctuaires d'oiseaux où 200 espèces évoluent au cours de l'année. Les eiders, les canards noirs, les cormorans, les hérons, et plusieurs autres espèces du fleuve sont faciles à observer. La forêt et les prés contiennent près de 400 espèces de plantes, dont quelques-unes très particulières. Des sentiers traversent l'île-aux-Basques de long en large.

C'est une journée de votre temps que vous devez consacrer à cette expédition qui s'adresse d'abord aux amateurs d'oiseaux.

Services et activités

Un service de traverse entre la terre ferme et les îles est disponible pendant l'été, sur réservation. Des visites commentées et des possibilités d'excursions autour des îles Razades et de l'Île-aux-Pommes complètent le tableau des activités.

Francis Bélanger

Eiders

Saison   De la mi-mai à la mi-octobre, les horaires variant selon les marées. Pendant toute cette période, les oiseaux sont présents, qu'ils soient nicheurs ou migrateurs.

Accès   Les départs se font à partir du quai de Trois-Pistoles.

Coûts   Les prix sont sujets à changement selon les années. En 1987 les tarifs étaient les suivants: 10 $ par adulte et 5 $ par enfant. Groupes de 12 personnes maximum.

Informations   M. Marc-André Belisle
                     18, rue de l'Église
                     Rivière Trois-Pistoles (Qc) G0L 2E0
                     (418) 851-2959 ou 851-1662

Attraits

Possibilité de traverser le fleuve ou d'effectuer une excursion à bord de ce bateau-passeur, qui relie la rive sud à la rive nord dans le secteur fréquenté par les baleines du Saint-Laurent. On dit de celui-ci qu'il est probablement le plus propice à l'observation de plusieurs espèces de cétacés, dont la gigantesque baleine bleue. A tout le moins, vous êtes sûr de voir des mammifères marins à portée de jumelles.

Services et activités

Traverses ou excursions de 5 ou 8 heures avec services d'animateurs qualifiés; repas à bord.

Saison

Traversée de mai à novembre; possibilité d'observer des baleines de juillet à octobre.

Accès

Le débarcadère est situé au quai de Trois-Pistoles.

Coûts

Vous pouvez décider d'une simple excursion en faisant l'aller-retour ou participer à des excursions tarifées, repas inclus (1987):
5 heures = 50 $
8 heures = 75 $

Informations

A partir de la rive nord ou de la rive sud (418) 851-3099 (Trois-Pistoles).

Eiders

Attraits

En été, ce parc côtier devient un véritable sanctuaire alors que 10 000 couples d'eiders à duvet de l'île Bicquette profitent de la rareté des prédateurs pour y nicher en paix. Cette colonie représente environ 35 % de la population d'eiders du fleuve. Des colonies importantes de goélands argentés et de cormorans à aigrette habitent les îles avoisinantes. Une petites harde de phoques gris et de phoques communs utilise les nombreux récifs pour prendre un bain de soleil à portée de vue. Les marais salés du parc attirent une quantité impressionnante d'oiseaux. Le saumon de l'Atlantique remonte la petite rivière Sud-Ouest. Plusieurs plantes rares du bord de la mer et des marais sont visibles sur les rochers et le paysage qu'offrent les récifs, les falaises rocheuses et les vagues de la mer provoque l'émerveillement.

Services et activités

Le parc est en voie d'aménagement, mais la géomorphologie naturelle favorise l'observation de la nature. Découvrez ce coin de nature à pied ou à bicyclette. Le camping est possible du 12 juin au 7 septembre. Le canotage et la voile font partie des activités. Les gens qui seront dans la région pendant la période de frai du capelan (mai-juin) pourront pêcher lors des marées montantes.

Saison

Ouvert toute l'année, mais l'été est la saison tout indiquée pour visiter le parc à cause de la présence de nombreux eiders à duvet, principaux fournisseurs de cet isolant naturel au Québec. En effet, sous la surveillance des autorités, certains groupes sont autorisés à ramasser une partie du duvet qui sert à fabriquer le nid pour le revendre aux manufacturiers de vêtements et d'équipements de camping d'hiver.

Accès	Situé sur la route 132, 16 km à l'ouest de Rimouski.
Coûts	Gratuit, mais l'accès aux emplacements de camping est payant.
Informations	Parc du Bic 337, Moreault Rimouski (Qc) G5L 1P4 (418) 722-3779

Attraits

Installé sur un territoire de 2470 ha avec, comme attrait principal, le canyon des Portes de l'Enfer, une gorge de 70 mètres de profondeur où coule la rivière Rimouski, surplombée de grands pins. Se rendre aux Portes de l'Enfer prend du temps, mais permet de vivre une expérience sensorielle unique. En marchant dans le calme serein de la forêt, on entend graduellement la chute qui s'approche. On passe rapidement du calme au bruit retentissant de la rivière qui s'engouffre dans un défilé qui semble trop exigu. Les différents milieux écologiques sont avantageusement accessibles par les sentiers et les découvertes sont nombreuses, tant pour la flore que pour la faune.

Services et activités

Le centre possède un réseau de sentiers d'interprétation de la nature totalisant 10 km, dont le sentier Le Draveur (5 km à lui seul) vous mène au bord des parois rocheuses. Des services d'interprétation de la nature sont continuellement offerts au pavillon.

Saison

Le centre est ouvert de la mi-mai à la fin octobre de 9 h à 17 h. Pendant les mois de juillet et d'août, l'accueil est offert sept jours par semaine et le pavillon est ouvert.

Accès

De Rimouski, vous vous dirigez vers Sainte-Blandine et suivez les indications qui vous mènent au centre.

Coûts

Entrée gratuite.

Informations

Centre éducatif forestier de Macpès
Sainte-Blandine, comté Rimouski (Qc) G0K 1J0
(418) 735-2266

ou au secrétariat;
92, 2e rue ouest
Rimouski (Qc) G5L 8B3

Portes de l'Enfer

Attraits

Le marais salin est le principal attrait du site. Vous aimez les oiseaux, une visite à ce marais, en septembre et octobre, est à inscrire dans votre agenda. L'été, les oiseaux se font plus rares mais sont tout de même présents. On y observe à l'occasion le bruant à queue aiguë en juillet. Le musée est situé en face du marais. Une exposition aux multiples facettes vous fait découvrir le patrimoine maritime ainsi que l'écologie maritime de l'estuaire du Saint-Laurent. Des montages originaux vous permettent de comprendre l'habitat et les organismes qui vivent dans le fleuve. Au plan historique, les artefacts traitent principalement du centre d'aide à la navigation, du phare de Pointe-au-Père et du naufrage du paquebot Empress of Ireland. L'exposition explique aussi les principales particularités de l'océanographie, science qui étudie les relations entre l'homme et la mer.

A peine une heure suffit à combler l'observateur pressé. Des randonnées d'interprétation de la nature sont disponibles pour ceux qui ont le temps et qui veulent en connaître davantage. En passant dans la région en automne, arrêtez-vous une petite heure!

Services et activités

Interprétation de la nature et de l'histoire humaine des lieux, visite du phare, exposition permanente, jeux éducatifs et bateau-jeu pour les enfants, visite guidée.

Saison

Les activités et l'accueil sont offerts de la mi-juin au début de septembre.

Accès

A Pointe-au-Père, vous tournez dans la rue Père Nouvel en direction du fleuve. L'entrée du musée est situé au coin des rues du Phare et Père Nouvel.

Coûts

Entrée payante avec des tarifs réduits pour les enfants et les personnes de l'âge d'or.

Informations

Musée de la mer de Rimouski
1034, rue du Phare, C.P. 40
Pointe-au-Père (Qc) G0K 1G0   (418) 724-6214

CENTRE D'INTERPRÉTATION DU SAUMON DE L'ATLANTIQUE

Attraits

C'est probablement le meilleur endroit au Québec pour apprendre à connaître le saumon de l'Atlantique. La salle d'exposition du centre comprend un gigantesque aquarium où nagent saumons et truites mouchetées. Des panneaux d'interprétation, des photographies et des maquettes contribuent à vous renseigner sur la biologie et l'écologie du *salmo salar*. Des sentiers de randonnée pédestre vous conduisent jusqu'à l'embouchure de la rivière Mitis, où une tour a été aménagée, un endroit idéal pour l'observation des oiseaux de rivage.

D'autre part, des visites guidées au lieu de capture du saumon, au pied du barrage hydroélectrique, vous feront comprendre l'énergie et les moyens qu'il faut mettre en place pour sauvegarder cette espèce de poisson. Si vous participez à la visite guidée, en minibus, à partir de la station de capture des saumons, vous aurez le privilège de voir de près ces grands migrateurs.

Services et activités

Les services d'interprétation de la nature sont présentés sous diverses formes: visites guidées, pièces de théâtre et animation extérieure. Le centre s'est notamment spécialisé pour offrir plusieurs services d'information aux pêcheurs de saumons. Si vous êtes un de ceux-là, ne passez pas sans arrêter au CISA.

Saison

Ouvert tous les jours de 9 h à 18 h, de la mi-juin à la mi-septembre, avec peut-être une période d'activité faunique plus intense de juillet à septembre.

Accès

Situé à quelques kilomètres à l'est de Sainte-Flavie, sur la route 132.

Coûts

L'accès au site est tarifé.

Informations

CISA
900, route de la mer
Sainte-Flavie (Qc) G0J 2L0
(418) 775-2969

André Cyr

Colibri à gorge rubis

JARDINS DE MÉTIS

Attraits

Connus d'abord sous le nom de Domaine Reford, les Jardins de Métis sont pour ainsi dire une réserve naturelle pour 500 espèces et variétés de plantes vivaces, annuelles, arbustes et arbres. Déjà, en 1956, l'écrivain Robert Jackson les décrit comme parmi les plus beaux au monde. Le site présente en effet des aménagements magnifiques, un massif floral, des rocailles, le jardin des rhododendrons, le jardin des pommetiers et quatre autres jardins. C'est un paradis pour le botaniste amateur et pour les horticulteurs en herbe. Tous les propriétaires qui investissent dans l'aménagement de leur propriété doivent voir les Jardins de Métis en juin, juillet et août.

On a aménagé autour d'un étang artificiel, une nouvelle section spécialement réservée à la flore québécoise. Vous imaginez certainement que les occasions d'observer des oiseaux forestiers et aquatiques sont fort nombreuses dans cette oasis de fleurs. C'est d'ailleurs un très bon site pour voir des colibris (oiseaux-mouches).

Le caractère exceptionnel du site est dû au boisé d'épinettes auquel sont intégrés les jardins, aux nombreuses plates-bandes , à l'alternance des milieux aménagés et naturels et aux espèces végétales rares, voire uniques, qui y vivent: les azalées et le pavot bleu, fleur qui, ailleurs au Canada, ne se retrouve que sur l'île de Vancouver.

Services et activités

Les jardins sont parcourus par des sentiers bien aménagés et des visites guidées sont offertes aux groupes (sur réservation). Des panneaux éducatifs et des brochures vous font découvrir les particularités des jardins. A la maison Reford, on a aménagé un musée, une salle à manger, un casse-croûte, un bar-salon. On vous propose des visites des lieux et des présentations audiovisuelles. Une halte est possible pour pique-niquer et on peut acheter des souvenirs à la boutique d'artisanat.

Saison	Ouvert de la mi-juin à la mi-septembre, de 8 h 30 à 20 h tous les jours.
Accès	Situé entre Sainte-Flavie et Grand-Métis sur la route 132.
Coûts	Frais de stationnement et frais d'entrée pour le musée.
Informations	Jardins de Métis Route 132 Grand-Métis (Qc) G0J 1W0 (418) 775-2221

SENTIER SPÉLÉOLOGIQUE DE LA RÉDEMPTION

Attraits

Un sentier de randonnée pédestre relie les principaux attraits spéléologiques du secteur: multiples grottes et pertes. Une perte est un ruisseau ou une rivière qui disparaît sous la terre pour continuer son chemin dans une grotte et resurgir plus loin. On peut également observer plusieurs autres phénomènes reliés à l'étude des grottes. Tout au long du parcours, vous avez accès à des grottes, dont celle de La Rédemption, profonde de plus de 300 mètres. Une excursion comme celle-ci se prépare longtemps d'avance. L'aspect sécurité ne doit pas être laissé au hasard. Je vous conseille fortement d'entrer en contact avec la Société québécoise de spéléologie (SQS).

Services et activités

Il n'y a ni services ni programmes d'activités. Vous devrez demander la permission des propriétaires pour vous rendre sur les lieux.

Saison

Le site est plus facilement accessible de mai à novembre.

Accès

Par le rang 3 de La Rédemption, petit village de la Matapédia.

Coûts

Les propriétaires pourraient vous demander un dédommagement minime.

Informations

Société québécoise de spéléologie
4545, Pierre de Coubertin
Montréal (Qc) H1V 3R2
(514) 252-3000

Attraits

Comme les autres traverses, celle de Matane — rive-nord passe en plein dans le territoire fréquenté par les baleines du Saint-Laurent. Si vous devez l'utiliser, n'oubliez pas vos jumelles dans l'auto, car elles vous seront très utiles sur le pont. Prévoyez des vêtements chauds en toute saison, car l'air du golfe est plutôt froid. De la fin de juillet à la fin d'octobre, vous apercevez à l'occasion des rorquals communs et de petits rorquals. Les personnes qui auront le courage de demeurer sur le pont durant toute la traversée risquent aussi de voir, à l'automne surtout, certains oiseaux dont les macreuses, qui se rassemblent parfois en très grand nombre.

Services et activités

Traversées tous les jours et à longueur d'année. C'est le seul traversier naviguant l'hiver, à l'est de Québec.

Saison

Le traversier Matane — rive-nord fonctionne toute l'année, mais l'observation des baleines est d'un intérêt particulier du mois de juillet jusqu'à la mi-octobre.

Accès

A partir du quai de Matane, situé à l'ouest de la ville. Attention, car le traversier se rend à deux endroits sur la rive-nord: Godbout et Baie-Comeau. On trouve un service de restaurant sur le navire.

Coûts

La traversée du Saint-Laurent est à la fois une croisière et un pont flottant. La durée de la traversée est de trois heures environ, en été. J'ai déjà effectué une traversée de 15 heures en hiver. Ne pas oublier les sandwichs dans ces cas là! Le coût varie d'année en année, selon le type de voiture et le nombre de personnes.

Informations

A partir de la rive sud
(418) 562-2500

A partir de la rive nord
(418) 296-2593 (Baie-Comeau)
(418) 568-7575 (Godbout)

Attraits

Matane est la ville du saumon et une visite à la passe migratoire du barrage Mathieu-d'Amours s'impose. Une vitrine permet d'observer les saumons en migration. La meilleure période pour les voir va de la fin de juin jusqu'à la mi-août. Les autorités ont aménagé un petit parc sur les îles près du barrage et l'accessibilité est assurée par un ponceau. Ces divers aménagements font de ce site une halte intéressante pour le touriste de passage.

Enfin, la réserve faunique de Matane est sans nul doute le meilleur endroit au Québec pour apercevoir des orignaux. En longeant les routes de la réserve, repérez les milieux humides et essayez de localiser le roi de nos forêts. Le ministère du Loisir, de la Chasse et de la Pêche a aménagé des sentiers et des tours qui vous permettront souvent de voir l'orignal, parfois même de très près. Pour ceux qui n'ont jamais eu la chance d'admirer l'allure imposante de ce mammifère nord-américain. Evitez cependant de fréquenter la réserve pendant la période de chasse, soit de la fin de septembre à la fin d'octobre. D'autres animaux sont aussi très faciles à voir comme les lièvres, les chevreuils, les durs-becs des pins et les hirondelles des granges. Enfin, on observe à l'occasion des oiseaux plutôt rares comme l'aigle royal.

Aller à la passe migratoire, située au centre-ville, demande peu de temps, mais se rendre dans la réserve exige un minimum de trois heures parce qu'une fois sur place, le paysage et l'envie de voir des animaux l'emportent sur toute autre activité.

Services et activités

La passe migratoire et la réserve sont animées par le MLCP et les employés de ce ministère vous conseilleront les meilleurs sites d'observation. On suggère aux personnes qui ont l'intention de se rendre du côté de la réserve de prévoir des victuailles, car plusieurs endroits ont été aménagés pour pique-niquer.

Les lacs Duvivier, à la Truite et de la Tête sont accessibles aux amateurs d'observations en canot. La pêche à la truite et au saumon est permise dans des territoires que l'on dit très giboyeux. Un camping et un service d'hébergement constituent d'autres services offerts par la réserve.

Saison

La réserve de la Rivière-Matane et la réserve de Matane sont ouvertes de la fin mai au début septembre.

Accès

Les citoyens de la ville de Matane vous indiqueront le chemin à suivre pour vous rendre au barrage, qui est très facile à trouver puisqu'il est situé au centre-ville. A partir de là, informez-vous de la route à suivre pour vous rendre à la réserve ou rendez-vous directement en suivant la route 195 sur 40 km, direction sud. Les indications routières vous faciliteront la tâche.

Coûts

L'accès à la passe migratoire et à la réserve est gratuit.

Informations

Réserves fauniques de Matane
257, ave Saint-Jérôme
Matane (Qc) G4W 3A7
(418) 562-3700 ou 224-3345
(Poste d'accueil de la réserve)

En ce qui concerne l'hébergement, vous pouvez réserver en téléphonant au 1-800-462-5349 ou au 890-5349 pour les personnes habitant Québec et sa banlieue.

Orignal

Attraits

C'est une mer de montagnes et de vallées, de sites incomparables et de scènes pittoresques; le parc de la Gaspésie vous en mettra plein la vue avec ses sommets de plus de 900 mètres (monts Logan, Jacques-Cartier, Albert et de la Table) et ses dépressions abruptes. Sur certaines de ces montagnes, accessibles par sentiers, la végétation prend l'allure de la toundra que l'on retrouve normalement beaucoup plus au nord. Il existe donc des plantes rares dans cet endroit unique.

Fait assez exceptionnel, on y retrouve à la fois l'orignal, le cerf de Virginie (chevreuil) et le caribou, plus facilement observable dans la région des monts McGerrigle. Les eaux du parc abritent la truite mouchetée et la truite grise en plus du saumon de l'Atlantique.

Services et activités

Comme plusieurs autres parcs provinciaux, celui de la Gaspésie offre une multitude d'activités et de services: centres d'accueil, interprétation de la nature (de la fin juin au début de septembre); sentiers de courtes et de longues randonnées, sentiers d'interprétation de la nature; camping autonome et de groupe, aire de pique-nique; ski de fond avec location de chalets et service de relais chauffés; pêche (sur réservation); voile, canotage, location d'embarcations; auberge et salle à manger.

Saison

Ouvert toute l'année même si les mois de juillet, août, février et mars sont les favoris à cause du grand nombre d'activités offertes pendant ces périodes. L'observation du caribou, qui attire beaucoup de monde au parc, est une activité d'été et d'hiver. Informez-vous auprès des gardiens du parc des endroits où se trouvent ces animaux.

Accès   Par la route 299, à partir de Sainte-Anne-des-Monts ou de New-Richmond. Des postes d'accueil et d'information sont situés à Ste-Anne-des-Monts, à Mont Saint-Pierre, à New-Richmond, à l'entrée nord du parc en bordure de la route 299 au Ruisseau à Galène; au gîte du Mont-Albert (à mon avis le meilleur endroit pour la randonnée dans les sentiers).

Coûts   Accès gratuit mais des tarifs sont applicables aux principales activités.

Informations   Parc de la Gaspésie
C.P. 550
Sainte-Anne-des-Monts (Qc) G0E 2G0
(418) 763-3301

Bureau permanent:
96, boul. Sainte-Anne ouest
Sainte-Anne-des-Monts (Qc)
(418) 763-3039 (de 7 h à 22 h)

Robert Baronet

Crêtes des Chic Chocs

Attraits

Il est un vent qui ne nous laisse pas froid, le vent marin de Forillon, le «Gashpeg», nom du bout de la terre des Micmacs. Et l'homme, ancien et moderne, a beaucoup appris de cette terre. Le parc de Forillon a une histoire qui a pour décor la mer et l'immense réservoir faunique et floristique que cachent ses forêts, ses plages, ses falaises et ses prés. Le visiteur est vite plongé dans cette histoire et y prend goût... Un goût salé, évidemment. Ne manquez pas une seule activité d'interprétation à Forillon. Ne passez pas sans vous y arrêter deux ou trois jours. Ne passez pas sans partir à la recherche de cette faune fantastique qui s'observe facilement: les rorquals communs, les rorquals à bosse, les marsouins, les dauphins à flancs blancs, les phoques communs et les phoques gris du nord de la pointe. Et puis, si vous cherchez d'autres sensations, la région du Cap Bon Ami vous attend avec ses milliers de nids d'oiseaux marins. Pour ajouter au festin, les naturalistes du parc se transforment en plongeurs dans la région de Grande-Grève et recueillent sous vos yeux les trésors des fonds marins pour que vous puissiez les observer à loisir.

Le parc national de Forillon recèle une quantité importante de richesses fauniques et floristiques terrestres. Ainsi, les visiteurs peuvent observer à l'occasion des mammifères comme l'ours ou l'orignal. La flore se confine entre des plantes arctiques-alpines, que l'on retrouve généralement plus au nord, et d'autres plantes comme l'hudsonie tomenteuse, qui pousse plus au sud.

Marcher dans les sentiers et sur les plages de Forillon n'est pas une aventure humide et pesante par temps chaud. Le microclimat qui y règne vous procure une douce sensation de bien-être et de confort.

Services et activités	Un pavillon d'interprétation vous fera d'abord découvrir plusieurs habitants et milieux du parc, des aquariums habités par une faune marine (crevettes, crapauds de mer et autres). À voir. Le dimanche, des plongeurs pêchent pour votre bénéfice des crustacés, des étoiles de mer et des poissons. Des naturalistes vous renseignent sur ceux-ci.

On y présente des activités d'interprétation de la nature tous les jours, une centaine de kilomètres de sentiers sont aménagés, on y organise des croisières pour la pêche en mer et en eau douce. Les amateurs de plongée sous-marine y trouveront leur compte et les simples baigneurs aussi. L'hiver, il est possible d'effectuer des randonnées en raquette, du camping d'hiver et du ski de randonnée.

Le parc compte trois campings (325 emplacements en tout) équipés de services en commun: un premier à Havre, en terrain découvert, un second à Cap-Bon-Ami, sur les falaises, et un troisième en forêt, à Petit Gaspé. La plage, accessible pour la baignade, se trouve à Penouille.

Saison Ouvert toute l'année, mais les mois de juillet et d'août offrent un petit cachet particulier qui fait de Forillon une destination vacances de premier ordre.

Accès Les postes d'accueil sont faciles à trouver: le premier est situé à Penouille et le deuxième entre Rivière-aux-Renards et l'Anse-aux-Griffons.

Coûts L'entrée est maintenant tarifée et, bien entendu, le camping n'est pas gratuit non plus.

Informations Parc Forillon
2, rue Morin, C.P. 1220
Gaspé (Qc) G0C 1R0
(418) 368-5505

Michel Barry

Forillon

Attraits

L'île est connue pour sa population de 50 000 fous de Bassan, la colonie la plus importante d'Amérique du nord. Ces oiseaux sont les rois du plongeon. A cause de son adaptation particulière pour les longs vols, la légèreté relative du fou de Bassan l'a obligé à développer une technique très acrobatique du plongeon qui lui permet de capturer les poissons dont il se nourrit. Les 18 000 couples de l'île nichent dans des falaises de 90 mètres de haut avec 8 autres espèces d'oiseaux marins : le cormoran, le pétrel cul-blanc, le goéland argenté, la mouette tridactyle, le gode, la marmette, le guillemot noir et le macareux.

Aménagée par le gouvernement fédéral, l'île est aussi très riche du côté botanique avec ses 572 entités végétales, dont cinq espèces rares au Québec. L'épibiotique est l'une des plantes connues de l'île: on dit qu'elle date de la dernière glaciation.

Une grande partie du territoire est occupée par la forêt. Celle-ci abrite 70 espèces d'oiseaux terrestres qui y nichent. Nommons seulement l'épervier brun, le busard Saint-Martin, le faucon émerillon et le colibri à gorge rubis. Ces espèces sont assez faciles à observer pour autant qu'on se dirige du côté de la forêt et des champs.

Services et activités

Des bateliers assurent la liaison entre l'île et la terre ferme. Les traversiers vous permettront de voir toute la colonie de fous de Bassan sur les falaises et peut-être une baleine venue s'alimenter dans le voisinage.

Un service d'accueil et d'interprétation de la nature est offert tout l'été. Quatre sentiers sont aménagés sur l'île, ce qui facilite l'accès aux sites intéressants. On propose également des randonnées d'interprétation sur le Rocher Percé et l'on présente des causeries à l'amphithéâtre du camping Baie-de-Percé. Le pavillon d'interprétation de la nature, situé dans la ville de Percé, présente une thématique sur la biologie du fou de Bassan et l'histoire de l'île.

Saison	Du début de juin au début de septembre. Pendant toute cette période, les fous de Bassan élèvent leurs petits sur les falaises de l'île. Ils sont très faciles à observer et le spectacle qu'ils offrent vaut le déplacement. À voir.
	Découvrir et visiter les trois sites naturels de Percé, le Rocher-Percé (parsemé de fossiles), l'île et le centre d'interprétation exigent un arrêt de deux jours au moins. La seule visite de l'île prend une bonne journée. Un casse-croûte est disponible.
Accès	Rendez-vous à Percé où vous pourrez visiter le pavillon et effectuer la traversée à partir du quai de l'endroit.
Coûts	La traversée pour se rendre à l'île est assurée par un transporteur privé et les coûts sont sujets à changements.
Informations	Adresse postale: Parc de l'Île Bonaventure et du Roché Percé 11, rue de la Cathédrale Gaspé (Qc) G0C 1R0 (418) 368-3444

Fous de Bassan

MUSÉE DES CAVERNES DE SAINT-ELZÉAR

Attraits

La découverte, à Saint-Elzéar-de-Bonaventure, en 1976, de la plus vieille grotte du Québec a amené le gouvernement provincial à protéger le site pour y permettre des recherches scientifiques. Un comité de citoyens locaux a du même coup fondé le musée de Saint-Elzéar. Celui-ci renferme trois salles d'exposition dont l'une contient de véritables ossements d'animaux retrouvés dans la grotte, une autre imite l'intérieur de la cavité et la troisième permet aux visiteurs de voir de près de vraies stalactites et stalagmites et de se familiariser avec la spéléologie.

De plus, un sentier écologique permet aux amateurs d'observer des phénomènes naturels de formation de grottes, comme ce ruisseau qui disparaît sous terre et que l'on appelle «Le trou de la Bonne Femme Café». Ce genre de visite ne s'adresse cependant qu'aux personnes intéressées par les grottes et les cavernes, car l'information qu'on y livre est très spécialisée.

Services et activités

Accueil, visites guidées, documents audiovisuels. Les groupes doivent réserver à l'avance.

Saison

De la fin de juin au début de septembre. Ouvert tous les jours de 8 h à 20 h.

Accès

A partir de Bonaventure, vous circulez vers le nord sur 30 km. Suivez les indications.

Coûts

Le tarif d'entrée est minime.

Informations

Musée des cavernes
196, de l'Eglise, C.P. 84
Saint-Elzéar (Qc) G0C 2W0
(418) 534-3913 ou 534-3655

CENTRE ÉDUCATIF FORESTIER BAIE DES CHALEURS

Attraits

Le CEF de Baie des Chaleurs offre trois sentiers d'interprétation qui longent la rivière à saumon Petite-Cascapédia. C'est l'occasion de faire une incursion à l'intérieur des terres de cette région connue pour sa baie. Deux sentiers aménagés vous invitent à la découverte du milieu forestier typique de la Gaspésie par le biais de dépliants d'auto-interprétation. Il ne s'agit pas d'un site exigeant une longue visite, mais il peut se révéler intéressant pour les adeptes de la nature. On y a accumulé beaucoup d'informations sur les végétaux et la géographie.

Services et activités

Interprétation de la nature pour les groupes scolaires et le grand public (l'été), à travers trois sentiers totalisant plus de 6 km. On vous fournit des brochures d'interprétation de la nature, dont l'une d'elles traite des plantes utilitaires. Aire de pique-nique, jeux éducatifs, accueil et toilettes sont regroupés au départ des sentiers.

Saison

De la fin mai à la mi-octobre, ouvert sept jours par semaine.

Accès

Par une petite route pavée qui relie New-Richmond à Saint-Edgar. Le kiosque d'accueil est visible de la route. Environ 15 km au nord de New-Richmond.

Coûts

Accès et services gratuits.

Informations

Centre éducatif forestier de la Baie-des-Chaleurs
Unité de gestion
Caplan, comté de Bonaventure (Qc) G0C 1H0
(418) 392-5665

PARC MIGUASHA (SITE FOSSILIFÈRE)

Attraits

La première mention du site fossilifère de Miguasha remonte à 1842. Depuis, la célébrité des falaises n'a cessé de croître au sein de la communauté scientifique. A partir de 1978, c'est tout le public qu'on invite à admirer les nombreuses pièces découvertes. Situé sur la rive nord de la rivière Ristigouche, au fond de la baie des Chaleurs, le site est unique à cause de sa formation géologique particulière que l'on appelle escuminac. Les couches de sédiments grisâtres composés de grès, de calcaire schisteux et d'argile renferment des poissons et des plantes fossiles datant de 365 millions d'années. Ce qui est étonnant, c'est la grosseur des fossiles; habitué aux petits fossiles d'un centimètre cube, on en voit à Miguasha qui font 30 cm de long sur 15 cm de haut. La visite sur le terrain est essentielle si vous voulez profiter au maximum de votre séjour à Miguasha. Cette sortie guidée prendra une heure et demie de votre temps.

Services et activités

Au centre d'accueil, les visiteurs vivent leur premier contact avec la paléontologie, science qui s'intéresse aux animaux préhistoriques. Une salle d'interprétation et d'exposition présente des spécimens de poissons et de crustacés trouvés sur les lieux ainsi que la façon dont s'effectuent les recherches dans les falaises. Une visite guidée de celles-ci est possible, selon l'horaire des activités.

Saison

Ouvert du 31 mai au 1er septembre, 7 jours par semaine.

Accès

On y accède directement par la route 132 entre Carleton et Matapédia, soit à 6 km au sud-ouest de Nouvelle.

Coûts

L'entrée est libre.

Informations

Parc Miguasha
Ministère du Loisir, de la Chasse et de la Pêche
C.P. 183
Nouvelle (Qc) G0C 2E0
(418) 752-2211 ou 794-2475 (en saison seulement)

Attraits

Si vous visitez les Îles-de-la-Madeleine, ne manquez pas une escale à l'île Brion, un paradis pour l'ornithologue amateur et professionnel. Propre à l'hospitalité des Madelinots, l'île Brion est un milieu invitant, aux côtes formées de falaises abruptes atteignant 50 mètres et de plages de sable. Le centre de l'île est couvert de petits habitats: boisés, buttes de sable, étangs d'eau douce. Longue de huit kilomètres et large de deux kilomètres, l'île abrite des colonies de pétrels culs-blancs (qu'on entend la nuit), de grands cormorans, de canards noirs, de canards pilets, d'eiders à duvet, de râles de Caroline, de chevaliers branlequeue, de courlis corlieu, de tournepierres à collier, de mouettes tridactyles, de sternes arctiques, de petits pingouins, de guillemots à miroir, de macareux moines et d'hirondelles des rivages. Que pouvons-nous ajouter à cette liste? Rien, sinon que l'île est située à 16 km au nord des Îles-de-la-Madeleine.

Services et activités

Le transport jusqu'à l'île est assuré par deux transporteurs privés. Ils vous offrent en outre une escale au Rocher-aux-oiseaux, un autre site intéressant.

Saison

Les mois de juillet et d'août sont les plus favorables pour de belles observations.

Accès

Les compagnies qui offrent le transport ont leur port d'attache à Grande-Entrée, à l'extrémité nord-est de l'archipel.

Coûts

On est prié de se renseigner en appelant l'un des numéros ci-dessous.

Informations

Centre d'excursions et de plongée des îles (418) 985-2148

Centre d'excursions et de plongée I.M. (418) 985-2117 ou 2582

Yves Aubry

Macareux moine

CÔTE-NORD ET ANTICOSTI

CÔTE-NORD ET ANTICOSTI

1- Station piscicole de Tadoussac

2- Baleines et dunes de sables de Tadoussac

3- Pointe Boisvert et banc de sable de Portneuf

4- Pointe-aux-Outardes et Ragueneau

5- Archipel de Sept-Îles

6- Parc national de l'Archipel de Mingan

7- Île d' Anticosti

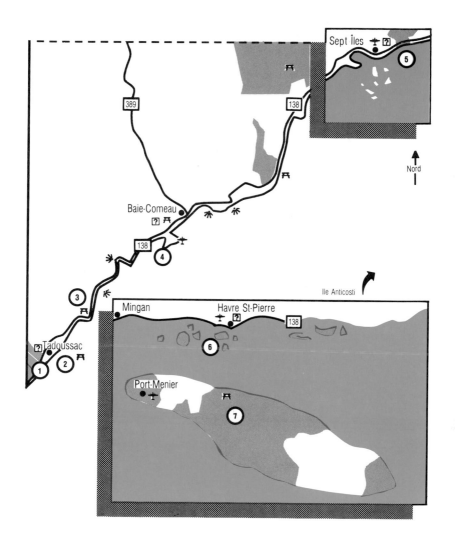

Sept Îles

Nord

Baie-Comeau

Ile Anticosti

Mingan Havre St-Pierre

Tadoussac

Port-Menier

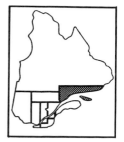

205

STATION PISCICOLE DE TADOUSSAC

Attraits

Il est difficile d'observer des saumons de l'Atlantique dans leur habitat naturel, mais la station piscicole de Tadoussac vous propose un menu exclusif: la possibilité de voir de vrais saumons adultes dans un environnement quasi naturel. Ces saumons, qu'on apelle «géniteurs», à cause du rôle qu'ils ont à jouer, sont gardés de juin à octobre dans un étang saumâtre aménagé à même une petite baie de la rivière Saguenay. On récolte leurs oeufs qui sont incubés et élevés jusqu'à leur ensemencement dans une rivière. Le pavillon d'incubation est devenu la salle d'exposition de la station, où l'on vous apprend à mieux connaître le «roi de nos eaux». L'ensemble des aménagements a pour vocation première l'élevage des saumons, mais le ministère du Loisir, de la Chasse et de la Pêche a rendu l'endroit accessible aux visiteurs qui peuvent voir ces géants évoluer dans leur élément naturel. D'autre part, les amateurs de randonnée pédestre pourront stationner leur véhicule en face de la pisciculture et emprunter le sentier des buttes qui conduit à un belvédère naturel, d'où vous aurez une vue saisissante sur l'embouchure du Saguenay. Ce sentier n'est pas très difficile à parcourir.

Services et activités

Le personnel de la pisciculture se fera un plaisir de répondre à vos questions, particulièrement de juin à septembre. Des visites guidées sont alors organisées par des interprètes de la nature.

Saison

Ouvert toute l'année. Une petite visite en passant ne prend guère plus qu'une heure.

Accès

La station se situe tout près du débarcadère est du bateau-passeur qui relie les deux rives du Saguenay sur la route 138.

Coûts

L'entrée est gratuite.

Informations

Station piscicole de Tadoussac
C.P. 88
Tadoussac (Qc) G0T 2A0
(418) 235-4434 ou 622-4444 (région de Québec)

BALEINES ET DUNES DE SABLES DE TADOUSSAC

Attraits

Quand on parle de Tadoussac, on pense tout de suite à l'observation des baleines. Ces géants de la mer se sont attirés l'admiration du public grâce à toute une gamme d'activités maintenant offertes dans les zones baleinières du Saint-Laurent. L'annexe I du présent guide traite en détail de cette activité et des services offerts dans ce domaine. Il est inconcevable que vous passiez dans cette région sans profiter, au moins une fois dans votre vie, d'une excursion d'observation pour voir de près ces mammifères qui atteignent, chez certaines espèces, de 30 à 35 mètres.

Signalons un autre phénomène intéressant de la région: les dunes de sables. Des escaliers de bois vous permettent d'avoir accès à la plage située au bas des dunes. Ce site est tout simplement beau à voir et nombreux sont les oiseaux qui le fréquentent: eider à duvet, garrot à oeil d'or, mouette tridactyle et, en période de migration, le fou de Bassan. Les passereaux sont très nombreux. Quand je passe par là, rien ne m'empêchera d'aller observer les oiseaux des dunes!

Services et activités

Les services et activités reliés à l'observation des baleines sont indiqués à l'annexe I. Aucun service n'est offert aux dunes de sables mais les amateurs de «ski sur sable« peuvent pratiquer cette activité dès la fonte des neiges. L'auberge de jeunesse de Tadoussac loue l'équipement nécessaire à ceux et celles qui aimeraient tenter l'expérience.

Saison

Les dunes sont accessibles du début juin à la fin octobre. L'observation des baleines est favorable de juillet à la fin d'octobre. Enfin, l'observation des oiseaux aux dunes est à son meilleur en juin et en septembre.

Rorqual à bosse

Accès   Les dunes sont situées au bout de la rue des
                   Pionniers.

Coûts   L'accès aux dunes est gratuite, mais des frais
                   sont exigés pour la location d'équipements de
                   ski sur sable.

Informations   Bureau du tourisme de Tadoussac
                   196, rue des Pionniers
                   Tadoussac (Qc) G0T 2A0
                   (418) 235-4491

                   Si vous désirez louer l'équipement de ski
                   sur sable:
                   Auberge de jeunesse
                   158, rue du Bateau-passeur
                   Tadoussac (Qc) G0T 2A0
                   (418) 235-4372

POINTE-BOISVERT ET BANC DE SABLE DE PORTNEUF

Attraits

Ces sites s'adressent aux initiés de l'ornithologie, aux amateurs d'oiseaux côtiers assez mordus pour vouloir tout voir. Halte migratoire importante pour les oies blanches et les bernaches du Canada, les marais de Saint-Paul-du-Nord sont reconnus pour la très grande diversité des oiseaux qui les fréquentent. Vous y observerez la majorité des canards barboteurs du Québec. Les canards noirs, entre autres, fréquentent par centaines l'embouchure de la Rivière-à-la-Truite. À titre d'exemple pour les oiseaux nicheurs de la région, citons la présence de quelques couples de bruants à queue aiguë.

Plus loin à l'est, sur la route 138, vous apercevez le banc de sable de Portneuf, qui est probablement l'un des meilleurs endroits sur la côte pour l'observation des oiseaux limicoles (qui vivent sur la vase). On y aurait observé jusqu'à 10 000 bécasseaux semi-palmés. La grande majorité des oiseaux qui fréquentent les zones vaseuses en bordure des cours d'eau peuvent être observés à un moment ou à un autre sur le banc de sable.

Services et activités

Sans service, mais si vous avez la chance de participer à une activité du Club d'ornithologie de la Manicouagan inc., votre visite n'en sera que plus profitable.

Saison

Ces deux endroits regorgent de vie en mai et principalement en août et en septembre.

Accès

Par la route 138 jusqu'à Saint-Paul-du-Nord.

Coûts

Aucun.

Informations

Club d'ornithologie de la Manicouagan inc.
C.P. 2513
Baie-Comeau (Qc)
G5C 2T2

Attraits

Les îlets de Ragueneau sont bien connus des ornithologues de la Côte-Nord pour leur importante cormorandière (jusqu'à 1700 nids) et leur héronnière. En fait, dans tout le secteur occupé par les îles et le marais de Pointe-aux-Outardes on a inventorié pas moins de 120 espèces d'oiseaux nicheurs et, ce qui est plus extraordinaire encore, au-delà de 220 espèces résidentes et de passage. La région est donc un carrefour d'oiseaux de mer, de rivage et de boisé. Parmi les autres espèces observables au cours de l'été, notez l'eider à duvet et le bihoreau à couronne noire. Les migrateurs les plus remarquables sont, au printemps, la bernache cravant et à l'automne, les éperviers, les balbuzards (aigles pêcheurs) et les buses.

Le secteur de Pointe-aux-Outardes fait l'objet d'aménagements qui le rendent accessible au public. Ainsi, on trouve actuellement des sentiers et une tour d'observation qui vous mènent jusqu'aux dunes de sable et au marais. Les îles sont difficilement accessibles. A marée basse, mieux vaut ne pas y penser et, à marée haute, les amateurs de kayak de mer sont les mieux outillés pour en faire le tour. S'il-vous-plaît, ne dérangez pas les oiseaux en risquant des haltes sur les îles.

Services et activités

En longeant la route 138, tout près du petit village de Ragueneau, vous apercevez les îlets et la péninsule. Plusieurs sites sont des belvédères naturels où vous pourrez vous installer pour observer les oiseaux. Du côté du parc de Pointe-aux-Outardes, les services d'accueil et d'information seront développés au cours des années. Le parc demeure accessible et des équipements sanitaires et une aire de pique-nique sont disponibles.

Saison

Les visites sont favorables entre mai et octobre. L'observation des oiseaux nicheurs est à son apogée pendant les mois de juillet et d'août.

Francis Bélanger

Eiders

Accès

Le parc est situé à 24 km à l'ouest de Baie-Comeau.

Coûts

Aucun.

Informations

Corporation du parc régional de
Pointe-aux-Outardes
471, rue Principale
Pointe-aux-Outardes (Qc)
G0H 1M0

MLCP
818, avenue Laure
Sept-Îles (Qc) G4R 1Y8
(418) 968-1401

ARCHIPEL DE SEPT-ÎLES

Attraits

Ce site n'est pas très connu, car on n'a pas su mettre en valeur sa grande richesse faunique, dont les oiseaux indigènes des îles. On note sur l'île Corossol un important sanctuaire d'oiseaux connu pour la diversité de ses espèces nicheuses: gode, cormoran, goéland, sterne et quelques espèces de canards marins: macreuses et eiders. C'est aussi un endroit où vous pourrez observer à l'occasion un balbuzard (aigle pêcheur). Sans en faire une destination, n'hésitez cependant pas à vous arrêter en passant. Vous aimerez.

Services et activités

Des emplacements de camping semi-aménagés et des aires de pique-nique sont parsemés le long des rives de l'île Grande-Basque. Un service de traversier assure les liaisons six fois par jour. Un autre service de croisières autour des îles est aussi disponible en saison. Enfin, les amateurs de pêche à la morue ne sont pas laissés pour compte, car des excursions sont organisées les fins de semaine.

Saison

De la mi-juin au début de septembre.

Accès

Rendez-vous au port de Sept-Îles.

Coûts

La traversée aux îles est tarifée. La pêche à la morue et la «Virée des îles» sont chargées en sus. Pour deux adultes et un enfant qui accèdent à tous les services, le montant à débourser peut atteindre environ 80 $ (1987).

Informations

Parc régional de Sept-Îles
Corporation touristique
546, avenue Dequen
Sept-Îles (Qc) G4R 2R4
(418) 962-1238 ou 968-1818

Attraits

La mer vous attire? Permettez-moi de vous souhaiter un périple autour des îles de Mingan. Mais attention! Ouvrez bien grands vos yeux, car vous circulez dans le royaume du fantastique. Regardez à bâbord et à tribord afin de détecter la présence de dauphins à flancs blancs ou d'une baleine. Et si, comme moi, vous ne pouvez passer une journée sans voir une plume, vous serez servi en oiseaux.

C'est la géomorphologie qui attire notre attention à prime abord. Personne ne reste indifférent aux monolithes d'érosion, espèces de grosses colonnes de pierres grugées par la mer, qui ressemblent à d'immenses pots de fleurs. Les falaises sont nombreuses; la faune est abondante et surprenante, de la baleine bleue (rorqual bleu) aux colonies nombreuses d'oiseaux marins. Le gode, la marmette commune, le macareux arctique, les macreuses, le huart à gorge rousse, le canard noir et le cormoran sont quelques-unes des espèces nicheuses sur cet archipel comptant 23 îles et une demi-douzaine d'îlets et d'îlots rocheux que l'on appelle cayes. La variété botanique est tout aussi importante, car la Minganie compte plus de 500 espèces de plantes vasculaires dont quelques-unes exclusives à cette région, comme le chardon de Minganie.

Les îles de l'ouest ont la réputation d'être les plus accessibles et les plus belles. En outre, l'île du Fantôme est pleine de richesses: grottes, falaises, forêts, pots-de-fleurs. Plusieurs des îles recèlent des sites fossilifères importants. Les plus beaux phénomènes rocheux sont visibles sur les îles Niapiskau, Quarry, aux Perroquets et au Marteau, accessibles à partir de Havre-Saint-Pierre.

Bref, l'archipel est plus qu'un site à voir en passant, c'est une destination qui comble tout le monde: familles, clubs d'ornithologie, vacanciers, groupes d'amis.

Services et activités

Interprétation de la nature, exposition permanente sur l'histoire humaine et naturelle du site, films, causeries, soirées sociales, accueil.

Rorqual à bosse

Des bateliers du village pourront vous offrir des visites autour des îles. Parcs Canada prépare chaque année une liste des bateliers qui offrent un service de transport sûr et respectueux du milieu naturel. Informez-vous à votre arrivée ou communiquez avec le centre d'interprétation.

Si vous avez l'intention de louer une chambre dans la région, réservez à l'avance car le gîte se limite à quelques motels, une auberge de jeunesse et un service d'hébergement en famille. C'est le Centre culturel et d'interprétation de Havre-Saint-Pierre qui coordonne ce dernier mode d'hébergement. Ce centre offre en plus des services d'informations sur le patrimoine culturel et naturel de la Minganie. Des causeries sont aussi annoncées en période estivale. Vous rejoignez ce centre au (418) 538-2512. Un camping municipal est disponible à Havre-Saint-Pierre (418) 538-2243. L'association touristique de Duplessis, (418) 962-0808, peut vous renseigner sur l'hébergement et faire des réservations pour vous.

Saison Allez-y l'été, entre le début de juillet et la fin de septembre.

Accès Route 138, à 210 km à l'est de Sept-Îles. La compagnie aérienne Canadien offre un service aérien à partir de Québec et Montréal. De Sept-Îles, les amateurs de croisière peuvent s'offrir une randonnée à bord des traversiers de Logistec Navigation.

Coûts Aucun, sauf pour les services fournis par les entreprises privées (hébergement, bateau-passeur, restauration).

Informations La réserve du parc national de l'Archipel de Mingan
1047, rue Dulcinée
C.P. 1180
Havre-Saint-Pierre (Qc) G0G 1P0
(418) 538-3331

Attraits

Avez-vous déjà entendu parler du canyon de la rivière Observation, de son cap et sa baie? Des falaises de Baie-de-la-Tour? De la Chute Vauréal? Ce sont des sites dignes des Grands Explorateurs. Quand on s'y trouve, on a de la peine à s'imaginer au Québec, tant le spectacle est saisissant. Une rivière qui se jette dans un canyon avec fracas à quelques centaines de mètres du fleuve, voilà l'une des images d'Anticosti. Cette île, formée il y a 60 millions d'années a d'abord été façonnée par le temps. Le résultat est comme une toile de grande valeur devant laquelle on ne demeure pas insensible. Du côté nord-est, riche en falaises, canyons, chutes et cascades,vous retrouverez les plus belles images des films de votre jeunesse. La chute Vauréal, qui tombe de 76 mètres de haut, est à voir. Les falaises creusées dans les roches sédimentaires sont de vrais coffres aux trésors remplis de milliers de fossiles. Les baies protégées du secteur nord sont un délice pour l'oeil: baie Macdonald, baie Observation, baie de l'Ours, baie Innommée, etc.

Les paysages souterrains vous attirent-ils? Qu'à cela ne tienne! Anticosti vous ouvre les portes sur son sous-sol. Les cavernes, comme la grotte à la Patate et la grotte de la baie de la Tour, sont grandes et spacieuses, accessibles et magnifiques. Autre aspect spéléologique intéressant: les karsts de la rivière Haute-Saumon, renommés pour les phénomènes qu'on y observe, tout particulièrement pour la «perte» de la Rivière au Saumon qui disparaît dans le sol pour resurgir 14 km plus loin.

Vous avez sans nul doute entendu parler des chevreuils (cerfs de Virginie) de l'île d'Anticosti. Un des spectacles inoubliables est leur rassemblement tous les soirs, par dizaines, au pâturage de la baie Sainte-Claire. Peut-être y verrez-vous un chevreuil blanc? Cet animal est omniprésent au point d'aller manger les fleurs dans le village dès la nuit tombée. Mais l'île abrite d'autres espèces de mammifères faciles à observer. Les castors sont très nombreux et se laissent approcher. Les lièvres et les renards argentés sont visibles partout. Les orignaux et les ours ne sont pas en très grand nombre mais ils n'ont pas peur des humains et vous pouvez les observer à loisir. Du côté de la mer, on peut fréquemment apercevoir les phoques gris et communs se prélassant au soleil. Parfois, ce sont les baleines qui s'approchent de la côte.

Attention ornithologues, car ici habitent une centaine d'espèces d'oiseaux dont le pygargue à tête blanche (aigle à tête blanche), devenu très rare dans l'est de l'Amérique du Nord. Les oiseaux aquatiques et de rivages abondent: différentes espèces de canards, huards à collier, bernaches, sternes, fous de Bassan, etc. Le frère Marie-Victorin a pris soin de classifier la flore de l'île et il y a découvert des orchidées très rares, des plantes insectivores et plusieurs espèces de plantes marines.

Bref, Anticosti est un paradis pour le naturaliste en herbe et le spécialiste. Cette terre recèle encore des coins cachés, est mal connue du public québécois, mais tout est mis en oeuvre pour en faciliter l'accès. A vous d'être parmi les premiers à en apprécier toute la richesse. Prenez soin de n'y laisser que de bons souvenirs et d'aider à la préservation de ce dernier bastion du patrimoine naturel québécois.

Chute Vauréal

Services et activités

Le principal organisme responsable des services et activités sur l'île est la Société des établissements de plein air du Québec (SÉPAQ). Celui-ci est chargé de la diffusion des services et de l'accueil des touristes. Pour tout ce qui concerne l'hébergement, les pourvoiries, les activités de plein air, de chasse et de pêche, le transport dans l'île, la SÉPAQ répondra à vos questions et vous dirigera vers les bonnes sources.

L'écomusée de l'île d'Anticosti joue le rôle d'éducateur et d'informateur sur l'histoire humaine et naturelle de l'île. Il vous offre des expositions de photographies du patrimoine local, de mammifères, des collections d'insectes et de fossiles, d'animaux empaillés, un impressionnant herbier et enfin, la possibilité de visionner un film sur la nature de l'île. C'est à cette porte que vous trouverez les informations concernant la possibilité de pratiquer les activités suivantes: randonnée pédestre; carte des sentiers et localisation des tours d'observation; kayak de mer et canot, un des meilleurs endroits dans la province; cartes des cavernes; localisation des principaux attraits géologiques, fauniques et floristiques.

Les activités de pêche à la truite et au saumon, de pêche à la morue et de chasse au chevreuil sont toujours disponibles et bien organisées.

Il existe trois façons de se loger dans l'île:

1- faire du camping rustique dans l'un des campings aménagés;
2- louer une chambre dans un des hôtels mais attention, ce n'est pas le grand luxe et c'est onéreux;
3- profiter de la pension de Nora Lelièvre, qui vous offre gîte et couvert.

L'information pour chacun des modes d'hébergement est disponible auprès de la SÉPAQ.

On circule dans l'île en vélo tout-terrain, en autobus ou en auto, que vous pouvez louer sur place. Si vous préférez conduire la vôtre, vous pourrez la transporter par le bateau-passeur moyennant un supplément de passage de l'ordre de 300 $.

Saison   L'île est véritablement accessible de juin à la
                    fin de septembre.

Accès   Par voie maritime

                    A partir de Rimouski pour une traversée de
                    deux jours (lit inclus dans le prix du passage),
                    par Sept-Îles ou à partir de cette ville. Obtenez
                    des renseignements en téléphonant à la Cie
                    Relais Nordik inc., qui offre ses services au
                    départ de Rimouski, Sept-Îles, Port-Menier et
                    Havre-Saint-Pierre, (418) 692-4643.

                    Par voie aérienne

                    A partir de Montréal, Mont-Joli et Sept-Îles, à
                    bord des appareils de Inter-Canadien.

Coûts   Accéder à l'île coûte encore très cher, soit
                    entre 220 $ (par bateau) et 436 $ (maximum
                    par avion) pour l'aller-retour (1987). Le
                    transporteur aérien offre des tarifs
                    considérablement réduits si vous réservez au
                    moins sept jours à l'avance. Une fois sur l'île, les
                    activités de plein air sont gratuites, tout comme
                    la visite à l'écomusée. Des forfaits intéressants
                    sont offerts par la SÉPAQ.

Informations   SÉPAQ
                    C.P. 179
                    Port-Menier (Qc) G0G 2Y0
                    1-800-463-0863 (sans frais)
                    (418) 535-0156

                    Écomusée d'Anticosti
                    C.P. 119
                    Port-Menier (Qc) G0G 2Y0
                    (418) 535-0250

                    Inter-Canadien
                    Réservation sans frais en appelant le
                    1-800-361-0200.

ANNEXES

OÙ, QUAND, COMMENT OBSERVER LES BALEINES DU SAINT-LAURENT

Il n'y a rien de plus merveilleux que le gigantisme des baleines, les plus gros animaux ayant jamais existé. Privilégié, le Saint-Laurent accueille plus de dix espèces de cétacés dont le rorqual bleu, le plus énorme d'entre tous. Il pèse jusqu'à 140 tonnes (30 éléphants) et ingurgite quotidiennement quatre tonnes de nourriture. On y retrouve aussi le béluga ou cochon des mers, qui est le seul à vivre en permanence dans l'estuaire. D'autres baleines à dents fréquentent aussi le fleuve, dont l'épaulard et les dauphins. Dans le groupe des baleines à fanons, en plus du rorqual bleu, il y a la baleine franche, le rorqual à bosse, le rorqual commun et le petit rorqual.

OÙ ALLER POUR LES VOIR

Tadoussac

A la rencontre du Saguenay et du Saint-Laurent les eaux grouillent de krills et de petits poissons comme le capelan, le hareng et le lançon, menu fretin à la base du régime alimentaire des baleines. Plusieurs compagnies de la région de Tadoussac offrent des excursions à bord de vedettes ou de canots pneumatiques afin de s'approcher des baleines en train de se nourrir. Ces excursions sont d'une durée moyenne de trois heures et permettent d'observer les mammifères à 100 mètres environ. En fait, un code de déontologie établi entre les capitaines ne leur permet pas d'approcher trop près ou d'encercler les animaux et ce, dans un but évident de protection et de conservation. Ce sont surtout les rorquals communs longs de 18 mètres et le petit rorqual que vous observez dans cette région. Avec un peu de chance, vous apercevrez le rorqual bleu ou un groupe de bélugas, petites baleines blanches menacées d'extinction.

Note importante: surveillez la météo pour votre journée d'excursion sur le fleuve. Trop nombreux sont ceux qui, venus de loin, s'en retournent déçus parce que les bateaux restent au port pour cause de brouillard ou de vents violents. Je vous suggère d'appeler votre pourvoyeur au moins deux heures d'avance afin de vous enquérir des conditions météorologiques. Pour vous assurer d'une excursion sans problème, nous vous rappelons que des vêtements chauds sont de rigueur, c'est-à-dire manteau, gants et tuque, même si la température au quai est de trente degrés Celsius.

Mingan

L'observation des baleines en canot pneumatique ou en voilier est possible dans la région de l'archipel Mingan, sur la Basse Côte-Nord. Avis aux amateurs de sensations fortes puisque le bouffon des mers, le rorqual à bosse, rôde dans ces parages. C'est le plus spectaculaire des cétacés. Il effectue à l'occasion des sauts périlleux, propulsant ses 40 tonnes hors de l'eau pour se laisser tomber sur le dos avec fracas. Le rorqual bleu, le marsouin, le dauphin, le rorqual commun et le petit rorqual sont d'autres habitués de la région.

Les traversiers du Saint-Laurent

Devez-vous prendre le traversier pour rejoindre l'autre rive du fleuve? Apportez vos jumelles, car ces traversées peuvent se transformer en véritable excursion d'observation des baleines. A Rivière-du-Loup, Trois-Pistoles et Matane, sur la rive sud, et à Saint-Siméon, Les Escoumins, Baie-Comeau et Godbout, sur la rive nord, les traversiers exécutent leur va-et-vient dans le «garde-manger» des grands mammifères et il n'est pas rare de les voir près des bateaux.

Sur la terre ferme, à Pointe-Noire

Selon la Société linnéenne du Québec, Pointe-Noire, située au confluent du Saguenay et du Saint-Laurent, est l'endroit le plus propice au monde pour l'observation terrestre des bélugas. Elle a donc transformé l'ancien phare de Pointe-Noire en salle d'exposition sur les bélugas et y a aménagé des postes d'observation munis de télescopes. Armez-vous de patience.

Cap de Bon-Désir

Si vous voulez prendre le temps d'observer les baleines du Saint-Laurent à gué, profitez-en pour vous rendre à la plate-forme d'observation couverte aménagée par le gouvernement à Cap de Bon-Désir, près de Grandes-Bergeronnes. De ce petit village de la Côte-Nord, vous continuez vers l'est en surveillant les panneaux indicateurs qui vous indiqueront l'entrée du sentier. Ce court chemin vous conduira à l'observatoire (dix minutes de marche au maximum). Armé de patience ou de nature chanceuse, vous pourrez probablement apercevoir des baleines.

En Gaspésie, l'île Bonaventure

Un des bons sites d'observation des baleines en Gaspésie se situe sur l'île Bonaventure, du moins lorsque les bateliers effectuant le relais entre l'île et la terre ferme décident d'en faire le tour. Avec un peu de chance, vous apercevrez peut-être l'un de ces gigantesque mammifères marins.

INFORMATIONS

Tadoussac

Club nautique

100, Bord-de-l'eau, Tadoussac (Qc) G0T 2A0
(418) 235-4585
Le bateau est le Pierre-Chauvin, qui peut accommoder 40 passagers.

Hôtel Tadoussac

165, Bord-de-l'eau, Tadoussac (Qc) G0T 2A0
(418) 235-4421
La superbe goélette Marie-Clarisse, d'une capacité de 100 passagers, sert aux excursions. Notez cependant qu'on ne hisse pas les voiles du bateau pour des raisons de sécurité.

Compagnie de la Baie-de-Tadoussac

145, Bord-de-l'eau, Tadoussac (Qc) G0T 2A0
(418) 237-4358
Cette compagnie est la seule dans cette région à utiliser les canots pneumatiques «Zodiac» pour ses excursions. Les enfants de moins de 12 ans ne sont pas admis.

Croisières Navimex inc.

126, rue Saint-Pierre, Baie-Sainte-Catherine (Qc) G1K 4A7
(418) 237-4274
Le Cavalier des mers, un bateau de 30 mètres de long, sert aux excursions.

Mingan

MICS

106, Bord-de-la-mer, Longue-Pointe-de-Mingan (Qc)
(418) 653-2845

6180, 9e avenue est, Charlesbourg (Qc) G1H 4A6
(418) 628-9876

Ailleurs au Québec

Société linnéenne du Québec

1675, avenue du Parc, Sainte-Foy (Qc) G1W 4S3
(418) 653-8186

Traversiers du fleuve où des observations de baleines sont possibles:

Traversier Trois-Pistoles — Les Escoumins,

le meilleur pour l'observation des baleines!

167, Notre-Dame ouest
C.P. 778, Trois-Pistoles (Qc) G0L 4K0
(418) 851-3099

Traversier Matane — Godbout — Baie-Comeau,

le seul qui fonctionne toute l'année.

Matane (418) 562-2500
Godbout (418) 568-7575
Baie-Comeau (418) 296-2593

Traversier Rivière-du-Loup — Saint-Siméon,

où l'on aperçoit surtout des bélugas.

Rivière-du-Loup (418) 862-5094
St-Siméon (418) 638-2856

OÙ, QUAND, COMMENT OBSERVER LES OISEAUX AU QUÉBEC

Plusieurs des sites mentionnés dans ce livre s'avèrent être d'excellentes destinations pour les observateurs d'oiseaux. Nous les avons donc regroupés par saisons afin de vous suggérer les meilleurs moments pour les visiter. Mais ce travail ne serait pas complet si nous n'avions pris soin d'ajouter à la liste des sites quelques stations ornithologiques connues en région et qui méritent d'être fréquentées par tous les ornithologues amateurs.

JANVIER, FÉVRIER ET MARS

Outaouais

Mangeoire Moore à Aylmer

C'est probablement le plus important poste d'alimentation d'oiseaux d'hiver au Canada. Il est installé sur un terrain privé mais ouvert au public. On peut y apercevoir la majorité des oiseaux des mangeoires: cardinal, sitelle à poitrine blanche et à poitrine rousse, mésange à tête noire et à tête brune, roselin pourpré, épervier brun et beaucoup d'autres. Les mangeoires Moore sont situées au 784 de la rue Pink à Aylmer.

Montréal et région

Beauharnois

Les bassins en amont et en aval du barrage sont de très bons sites pour l'observation des canards qui osent demeurer ici pendant l'hiver. Surveillez aussi les champs environnants, car le harfang des neiges est fréquemment aperçu dans le coin.

Île Perrot

Au bout du boulevard Don Quichotte, sur l'île Perrot, le parc de la Pointe-du-Moulin sert de refuge à plusieurs espèces d'oiseaux d'hiver: becs-croisés, bruants, pies-grièches et hiboux.

Rapides de Lachine

En février, lorsque lacs et rivières sont gelés, plusieurs centaines de canards se rassemblent en face de LaSalle, dans les rapides. On observera facilement les canards noirs, les garrots, les pilets, les colverts et les becs-scies. Plusieurs espèces de goélands sont aussi de la partie. Rendez-vous au parc Terrasse Serre, le long du boulevard LaSalle.

Île des Soeurs

Un des sites ornithologiques les plus fréquentés, l'île des Soeurs mérite cette affluence car elle recèle des trésors; chouettes, grand duc, petit duc, petite nyctale, harfang. Voir page 51.

Jardin Botanique

Depuis quelques années, la Société d'animation du jardin et de l'institut botanique alimente de nombreux postes d'alimentation dans ses sentiers. Voir page 56.

AVRIL, MAI ET JUIN

Outaouais

Réserve faunique de Plaisance

La première semaine de mai, les arbres de la réserve se transforment littéralement en bernaches du Canada lorsqu'elles sont 35 000 à s'arrêter dans les marais de ce sanctuaire. Voir page 23.

Montréal et région

Île Saint-Bernard

Située au nord-est de la ville de Châteauguay, l'île est maintenant accessible aux observateurs. Son attrait majeur est la héronnière située au nord. Une promenade permet aussi de voir plusieurs espèces de parulines, de bruants, de canards et d'oiseaux de marais.

Parc Summit

Si vous aimez les parulines, vous ne devez pas manquer une visite à ce parc en mai. Voir page 50.

Îles de Boucherville

Ce parc provincial est très propice à l'observation des oiseaux aquatiques, surtout en mai et en juin lorsque les migrateurs sont encore nombreux et que les nicheurs s'installent. Voir page 57.

Estrie

Camp Rolland Germain

À Frelighsburg, au sud de Cowansville, plusieurs parulines et oiseaux forestiers se donnent rendez-vous dans les boisés de ce camp de vacances. Surveillez les fils électriques de la région, car les merles bleus de l'Est sont relativement nombreux dans la région.

Île du Marais, Katevale

Le morillon à dos blanc est l'une des espèces migratrices observables au printemps à l'île du Marais. Voir page 84.

Coeur du Québec

Baie-du-Febvre

Probablement le meilleur site pour l'observation des bernaches en migration printanière. Elles sont près de 100 000, accompagnées d'oies des neiges et de canards de différentes espèces, à s'arrêter près du poste d'observation, le long de la route 132. Voir page 100.

Halte routière de Berthier

Sur la rive nord du Saint-Laurent, la halte routière située entre Berthier et Louiseville, sur l'autoroute 40, sert d'observatoire pour les amateurs de bernaches du Canada et de canards (morillons, canards noirs). Voir page 100.

Québec, Charlevoix et Montmagny

Pointe-Platon

Entre Sainte-Croix et Lotbinière, près de la route 132, un poste d'observation permet de voir des canards en migration entre le 15 avril et la fin de mai.

Maizerets

En avril, canards noirs, sternes, goélands et bécasseaux font halte sur cette pointe de sable située à l'extrémité est du boulevard Henri-Bourassa, à Québec.

Pont de l'île d'Orléans

A l'extrémité sud du pont, plusieurs centaines de canards et quelques oies se rassemblent entre le 25 avril et le 15 mai.

Île-aux-Grues et sanctuaire de Montmagny

Est ce que 200 000 oies des neiges vous intéressent? N'hésitez donc pas à arrêter à Montmagny et à participer à une excursion vers l'Île-aux-Grues (voir page 124). Via Rail organise des excursions aller-retour pour l'observation des oies des neiges, repas et services de naturalistes inclus. Ces voyages s'effectuent dans les régions de Cap Tourmente et de l'archipel de Montmagny. Informez-vous chez votre agent de voyage.

Bas Saint-Laurent, Gaspésie

Saint-Roch-des-Aulnaies
Vers la fin d'avril et au cours des deux premières semaines de mai, des centaines d'oies, de bernaches et de canards s'alimentent près du quai du village.

Rivière-du-Loup

La grande baie à l'embouchure de la rivière du Loup est fréquentée par le grand chevalier, le grand héron, le butor d'Amérique, le pluvier semi-palmé, le pluvier argenté et le tournepierre à collier. Ils sont de passage entre le début d'avril et le début de mai. Le site est facilement accessible à partir de l'autoroute 20.

Si vous vous rendez au quai de la ville, vous verrez
des bihoreaux à couronne noire, des petits pingouins et des
cormorans en quantité.

Côte-Nord

Pointe-aux-Outardes

Des groupes de bernaches cravants font halte dans les marais de
la Pointe. Voir page 212.

Baie-Comeau

Une colonie de 2000 goélands à bec cerclé nichent près des
installations de la compagnie Québec North Shore, sur les rives
du fleuve.

JUILLET, AOÛT ET SEPTEMBRE

Outaouais

Pembrooke, Ontario

Sur la rive ouest de la rivière des Outaouais, en face de l'île des
Allumettes, 100 km au nord de Hull, se tient le plus grand
rassemblement d'hirondelles au Canada. Entre 50 000 et 125 000
hirondelles d'espèces différentes se regroupent de la fin de juillet
à la mi-août. Peut-être le couple qui a niché chez vous s'y
trouve-t-il?

Coeur du Québec

Île du Moine

La fin du mois d'août et les 15 premiers jours de septembre sont
de magnifiques journées pour une excursion à l'Île du Moine, près
de Sorel. C'est le meilleur endroit près de Montréal pour observer
différentes espèces de bécasseaux et de canards, des hiboux
des marais, des hérons et des butors. Voir page 100.

Québec et région

Saint-Vallier

A l'ouest du petit village de Saint-Vallier, près de Lévis, une halte
routière a été aménagée et donne accès à une pointe de sable
qui accueille plusieurs espèces de bécasseaux entre le 15 août
et le 15 septembre.

Saguenay — Lac-Saint-Jean

Marais de Saint-Gédéon

Entre le 15 août et le 15 octobre, le petit marais de Saint-Gédéon, à l'extrémité est du village, se transforme en haut lieu de la migration de la sauvagine. Une trentaine d'espèces de canards et plusieurs espèces aquatiques (busards, hérons, butors, etc) sont très faciles à observer.

Bas-Saint-Laurent — Gaspésie

Battures de La Pocatière

Du début du mois d'août à la fin du mois de septembre, les battures de La Pocatière et de Rivière-Ouelle sont le site de plusieurs rassemblements d'oiseaux de rivage: bécasseaux, busards, pluviers, canards noirs, sarcelles à ailes vertes et à ailes bleues. Rendez-vous au quai de Rivière-Ouelle ou stationnez votre auto au nord du viaduc de la sortie 439 de l'autoroute 20.

Îles de Kamouraska

Accessibles grâce à un service local, les six îles de l'archipel servent de lieux de nidification pour plusieurs espèces d'oiseaux du fleuve: eiders à duvet, petits pingouins, bihoreaux à couronne noire. Voir page 157.

Saint-Fabien

Le quai de Saint-Fabien est un excellent site d'observation des oiseaux aquatiques. Certains jours, on assiste aussi à de nombreux passages de rapaces en migration.

Parc de Bic

Si vous cherchez à voir de grosses colonies d'oiseaux, ce parc vous comblera; il abrite des eiders à duvet nicheurs, des cormorans et des canards noirs. Voir page 170.

Les Boules

À un kilomètre à l'ouest du village des Boules, un îlot abrite une colonie de cormorans à aigrettes.

Barachois

A quelques kilomètres à l'ouest de Percé, à l'embouchure de la rivière Malbaie, un banc de sable forme un estuaire où l'eau douce de la rivière se mélange à l'eau des hautes marées. Ce milieu particulier est propice à l'émergence des insectes. Les oiseaux sont attirés par l'abondance de nourriture; on y rencontre différentes espèces de chevaliers, de bécasseaux, de canards et d'oiseaux côtiers comme le bihoreau à couronne noire.

Île Bonaventure

Le texte de la page 194 vous convaincra de l'utilité d'une visite à l'île Bonaventure en juillet. Il s'agit de l'un des plus importants sites ornithologiques de la Gaspésie.

Carleton

Le banc de sable où est installé le camping et l'embouchure de la rivière Nouvelle sont des milieux privilégiés pour l'observation des oiseaux côtiers: balbuzards, grands hérons et échassiers de différentes espèces. Un centre d'artisanat ornithologique accueille les amateurs au 468, boulevard Perron à Carleton. Les artisans reproduisent les oiseaux de la Gaspésie en utilisant des os de poissons et des coquillages.

Île Brion

La page 200 décrit en détail les richesses ornithologiques de cette île située à 16 km au nord du groupe des Îles-de-la-Madeleine. Tous les ornithologues du Québec devraient la visiter au moins une fois dans leur vie.

Côte-Nord

Saint-Paul-du-Nord

En septembre, les marais de Saint-Paul sont animés par la présence de nombreux oiseaux migrateurs: bernaches, oies des neiges, différents canards barboteurs et canards plongeurs. Voir page 211.

Pointe-Boisvert

Entre le 5 août et le 15 septembre, le banc de sable de Rivière-Portneuf devient un des meilleurs sites d'observation des oiseaux limicoles (oiseaux de rivage) du Québec. Voir page 211.

Îles de Ragueneau

En longeant la route 138, un arrêt de quelques minutes face aux îles de Ragueneau exige peu de temps et vous donnera l'occasion de voir beaucoup d'oiseaux: cormorans, hérons, macreuses, butors, balbuzards. Voir page 212.

Pointe-aux-Anglais

Un arrêt à Pointe-aux-Anglais, dans la région du phare, constitue une excursion ornithologique rentable en juillet lorsque les balbuzards se battent continuellement avec les corneilles pour conserver le fruit de leur pêche. À voir.

Îles de Mingan

Les différentes îles de l'archipel sont accessibles par bateau. Elles abritent des colonies de macareux, de sternes, de mouettes, de petits pingouins, etc. Voir page 215.

OCTOBRE, NOVEMBRE ET DÉCEMBRE

Outaouais

Parc Brébeuf

Au début de l'hiver, plusieurs espèces de canards se rassemblent dans les eaux non gelées de la rivière des Outaouais, face au parc Bréboeuf. Rendez-vous à l'extrémité de la rue Bégin, à Hull, le long de la route 148.

Estrie

Lac Boivin

Considéré par plusieurs comme l'un des meilleurs sites d'observation de la sauvagine, l'automne en Estrie, le lac Boivin accueille des centaines de bernaches du Canada, de canards colverts, de canards branchus, de sarcelles à ailes vertes, de pilets, de canards souchets, de morillons à collier et de becs-scies couronnés. Voir page 73 .

Québec et région

Cap Tourmente

Peut-être le haut lieu de l'observation ornithologique au Québec, le Cap Tourmente est fréquenté par 200 000 oies des neiges entre le 5 et le 20 octobre. Voir page 121 .

Sanctuaire de Montmagny

Pendant les deux premières semaines d'octobre, les oies des neiges sont facilement observables à partir du quai de Montmagny alors qu'elles s'alimentent à l'abri des chasseurs. Voir page 124.

Recensement des oiseaux de Noël

Chaque année, entre le 18 décembre et le 3 janvier, plusieurs groupes ornithologiques de toutes les régions du Québec organisent le recensement des oiseaux de Noël. Surveillez les journaux de votre région ou communiquez avec le club local et n'hésitez pas à participer à cette journée. Les résultats de l'inventaire sont publiés dans un numéro spécial de la revue officielle de la Société Audubon. Environ 1200 municipalités de l'Amérique du Nord, du Mexique, de l'Australie et de l'Europe participent à l'événement.

QUE FAIRE SI...

Un carnet d'adresses à la portée de la main

Vous est-il déjà arrivé de vous trouver devant un fait accompli et d'avoir besoin d'aide? Cette annexe vous fournit des renseignements importants concernant les organismes qui ont le mandat d'agir concrètement pour la conservation de la nature et de ses composantes.

Vous détectez un **FEU DE FORÊT** ou un risque d'incendie? Communiquez sans frais avec la SOCIÉTÉ DE CONSERVATION au:

1-800-463-4374, au sud du Saint-Laurent;
1-800-463-5319, au nord du fleuve.

Êtes-vous témoin d'un acte de **BRACONNAGE**? Communiquez sans frais avec S.O.S. BRACONNAGE:

1-800-463-2191.

Êtes-vous témoin d'un acte de **POLLUTION**? Communiquez avec URGENCE ENVIRONNEMENT:

(418) 643-4595 (frais virés acceptés).

Vous trouvez un **MAMMIFÈRE MARIN** échoué? Communiquez avec l'UNIVERSITÉ DU QUÉBEC À RIMOUSKI aux numéros suivants:

(418) 722-3122, le jour,
(418) 722-8524, le soir.

Vous trouvez un **OISEAU DE PROIE BLESSÉ**? Appelez rapidement le:

Centre de recherche Macdonald, Sainte-Anne-de-Bellevue
(514) 398-7929

L'hôpital pour les rapaces
Institut de médecine vétérinaire de Saint-Hyacinthe
(514) 773-8521

Jardin zoologique du Québec
(418) 622-0312

Vous trouvez un **OISEAU MALADE OU BLESSÉ**? Communiquez avec:

Stéphane Deshaies
1542, Rte de l'Aéroport
Fleurimont (Qc) J1E 1E8
(819) 567-7973 ou 2963

D'autre part, certains organismes peuvent profiter de vos découvertes ou vous aider à satisfaire votre curiosité.

Vous trouvez un **OISEAU MUNI D'UNE BAGUE OU D'UN COLLIER**? Téléphonez au:

Service canadien de la faune
M. Pierre Dupuis
(418) 648-3914

Vous observez un **OISEAU DIGNE DE MENTION**? Prenez en note les caractéristiques de celui-ci, l'habitat dans lequel vous l'avez aperçu et les conditions générales qui ont permis cette observation et transmettez le tout au:

Service canadien de la faune
M. Yves Aubry
(418) 648-3914

Vous découvrez des **OSSEMENTS D'ANIMAUX** que vous croyez très vieux ou provenant d'une espèce intéressante? Communiquez avec:

L'ostéothèque de Montréal
C.P. 8888, succursale A
Montréal (Qc) H3C 3P8
(514) 282-4022

Vous désirez connaître **L'HEURE DES MARÉES**? Appelez à n'importe quelle heure:

1-800-361-7770 (sans frais)

Vous désirez entrer en contact avec une **ASSOCIATION OU UNE FÉDÉRATION** de loisirs de plein air? Renseignez-vous au:

Regroupement des organismes de loisirs
4545, ave Pierre de Coubertin
Montréal (Qc) H1V 3R2
(514) 252-3000

LES BASES DE PLEIN AIR QU'IL FAUT CONNAÎTRE

Plusieurs bases de plein air du Québec ont développé leurs services de découvertes et d'exploration de la nature grâce à une diversification de leurs activités. Voici une liste des principales bases qui offrent des activités originales et familiales pour l'exploration de la nature.

Outaouais et Abitibi

Les Outaouais
R.R. 1
Poltimore (Qc) J0X 2S0
(819) 457-4040

Activités :
Interprétation de la nature, sentiers de randonnée pédestre, ski de fond et raquette.

Services :
Hébergement (auberge, dortoir et camping), repas, animation.

Montréal et région

Le P'tit Bonheur (dans les Laurentides)
C.P. 30
Lac-Carré (Qc) J0T 1J0
(819) 326-4281 (Montréal) ou 1-800-567-6788 (sans frais).

Activités :
Interprétation de la nature, classes-nature, sentiers d'interprétation.

Services :
Hébergement individuel, familial et de groupe, repas, animation.

L'Interval (près de Saint-Donat)
3565, 91e avenue
Sainte-Lucie (Qc) J0T 2J0
(819) 326-4069

Activités :
Interprétation de la nature, ornithologie, mycologie, astronomie, sentiers de randonnée pédestre, observation de la faune.

Services :
Hébergement (auberge, dortoir, camping), repas, animation.

La Cabouse (Saint-Donat)

2177, Rte 125 sud, B.G. 155
Saint-Donat (Qc) J0T 2C0
(819) 424-2552

Activités :
Interprétation de la nature, observation des oiseaux, randonnée pédestre,
canot-camping, canotage, rabaska, planche à voile, voile, baignade,
escalade, vélo de montagne, équitation, mini-ferme, ski de fond,
télémark, raquette.

Services :
Hébergement de groupe et familial, buanderie, bar, foyer, services
spéciaux pour handicapés.

Matawinie (Saint-Michel-des-Saints)

Lac à la Truite
Saint-Michel-des-Saints (Qc) J0K 3B0
(514) 277-6371

Activités :
Interprétation de la nature, observation des oiseaux, randonnée pédestre,
astronomie, canotage, rabaska, voile, planche à voile, ski de fond, voile
à ski.

Services :
Animation pour les enfants à partir de deux ans, hébergement en groupe
et en famille, location de roulotte, garderie, transport organisé.

Estrie

Davignon (Bromont)

319, Gale
Bromont (Qc) J0L 1L0
(514) 534-2277 ou 1-800-363-8952 (sans frais)

Activités :
Interprétation de la nature, observation des oiseaux, randonnée pédestre,
astronomie, canotage, plongée en apnée, escalade, baignade, planche
à voile, voile, équitation, randonnée à bicyclette, ski de fond, raquette.

Services :
Animation pour les enfants à partir de deux ans, buanderie, bar,
hébergement individuel, familial, et de groupe.

Au Versant

Lac Miller
Racine (Qc) J0E 1Y0
(514) 532-3863

Activités :
Interprétation de la nature, classes-nature, astronomie, ornithologie,
sentiers d'interprétation, pavillon et expositions.

Services :
Hébergement (dortoir et camping), repas, animation, aire de pique-nique.

Jouvence (Orford-Bonsecours)

Rte 220
Bonsecours (Qc) J0E 1H0
(514) 532-3134

Activités :
Interprétation de la nature, randonnée pédestre, canotage, planche à voile, voile, ski de fond, raquette.

Services :
Hébergement individuel, en groupe et familial, buanderie.

Coeur du Québec

Plein air Carrefour (Drummondville)

L'Avenir (Qc) J0C 1B0
(819) 394-2688

Activités :
Interprétation de la nature, promenade en carriole, observation du chevreuil, mycologie, randonnée pédestre, canotage, ski de randonnée, raquette, observation des oiseaux d'hiver.

Services :
Hébergement individuel, en groupe et familial, garderie, animation pour les enfants à partir de deux ans, buanderie et bar.

Québec, Charlevoix et Montmagny

La Vigie (Portneuf)

550, boul. Thomas-Maher
Lac-Saint-Joseph (Qc) G0A 3M0
(418) 875-2727 ou 1-800-463-2114 (sans frais)

Activités :
Sentier d'interprétation de la nature, observation de la faune, canotage, rabaska, kayak, catamaran, planche à voile, voile, escalade, sauna nordique, ski de randonnée, raquette, camping d'hiver, planche à voile sur neige, voile à ski.

Services :
Hébergement individuel, en groupe et familial, garderie, repas.

Saguenay — Lac-Saint-Jean

CEPAL (région de Jonquière)

3350, chemin Saint-Dominique
Jonquière (Qc) G7X 7W8
(418) 547-5728

Activités :
Rafting, équitation, catamaran, pêche, canot et voile, vélo, raid à skis de longue durée, randonnée en forêt, voyages d'aventure (canot-camping, longue randonnée, trekking dans les Otish en raquettes et à skis).

Services :
Hébergement individuel, transport aérien. Notez que plusieurs des activités de CEPAL ci-haut mentionnées s'adressent à un public de 16 ans et plus.

Saint-Gédéon

250, Rang des Îles
Saint-Gédéon (Qc) G0W 2P0
(418) 345-2589

Activités :
Interprétation de la nature, observation de la faune, randonnée pédestre, canotage, rabaska, catamaran, kayak, plongée en apnée, planche à voile, voile. Fermé en hiver.

Services :
Hébergement individuel, buanderie, bar.

Bas Saint-Laurent — Gaspésie

Pohénégamook (sud de Rivière-du-Loup)

Escourt (Qc) G0L 1J0
(418) 859-2405 ou 1-800-463-1364 (sans frais)

Activités :
Observation du chevreuil, interprétation de la nature, canotage, kayak, rabaska, planche à voile, voile, plongée en apnée, spéléologie, escalade, camping d'hiver, astronomie, sauna nordique, voile à ski, raquette, télémark, ski de randonnée.

Services :
Hébergement individuel, en groupe et familial, garderie, location d'équipements de plein air.

Les Îles (Îles-de-la-Madeleine)

C.P. 59
Grande-Entrée (Qc) G0B 1H0
(418) 985-2833

Activités :
Interprétation de la nature, observation de la faune, cueillette de mollusques, randonnée pédestre, canotage, rabaska, plongée en apnée. Fermé en hiver.

Services :
Hébergement individuel, familial et en groupe, camping, garderie, animation pour les enfants à partir de deux ans, buanderie.

Côte-Nord

Sault-au-Mouton (près de Forestville)

81, rue Principale
Sault-au-Mouton (Qc) G0T 1Z0
(418) 231-2214

Activités :
Interprétation de la nature, ornithologie, mycologie, sentier, observation des baleines et des oiseaux de mer, canot-camping, canotage. Fermé en hiver.

Services :
Hébergement (famille d'accueil, chalets, camping), animation pour les enfants à partir de deux ans, garderie.

LES CAMPS DE VACANCES FAMILIALES (CVF) QU'IL FAUT CONNAÎTRE

Ces camps sont privilégiés par plusieurs familles québécoises qui veulent prendre contact avec la nature dans une atmosphère familiale. Les activités de ces centres sont toujours élaborées en fonction des jeunes et des adultes. À certaines occasions, on organise des activités pour tous, à d'autres, on permet aux parents de se reposer et on s'occupe des enfants. Chaque centre possède un service de garderie. Sans être des spécialistes, les animateurs des CVF ont le mérite d'organiser une grande diversité d'activités qui rapprochent les citadins du milieu naturel. Voici la liste des principaux CVF du Québec classés d'ouest en est, de Montréal vers la Gaspésie.

Montréal et région

CVF Matawinie (à 160 km au nord de Montréal)

(514) 833-6371

Hébergement : Camping de 100 emplacements et location de tentes-roulottes, chalets et chambres.

Activités : Observation de la nature, canot, pédalo, voile, randonnée pédestre, baignade, jeux, feux de camp.

Saison : Ouvert toute l'année.

CVF du Saint-Laurent (près de Montréal)

(514) 583-3331

Hébergement : Des chambres simples et doubles, des chalets pour six personnes au maximum ou unités de deux chambres communicantes.

Activités : Observation de la nature, survie en forêt, randonnées en poney, feux de camp, pêche, jeux et hébertisme, théâtre, activités de groupe, camping, canot, pédalo, repas communautaires, voile, chaloupe, randonnées touristiques en mini-bus.

Saison : Ouvert toute l'année.

Estrie

CVF Val-Estrie (près de Sherbrooke)

(819) 837-2426

Hébergement : 12 unités d'hébergement familial, des maisonnées pour six familles avec chambres et toilettes privées et, enfin, un grand chalet avec un dortoir pour 24 personnes.

Activités : Observation de la nature, feux de camp, canot, chaloupe, pédalo, voile, bricolage, jeux, petite ferme, activités de plein air, piscine.

Saison : Ouvert toute l'année.

Coeur du Québec

CVF de Saint-Ubalde (près de Saint-Tite)

(418) 277-2330

Hébergement : Familles d'accueil, chambres à l'auberge, camping et chalets.

Activités : Sports nautiques, randonnée pédestre, tennis, visite à la ferme, jeux en forêt, plage, glissade d'eau.

Québec, Charlevoix et Montmagny

CVF Frampton (Beauce)

(418) 479-5469

Hébergement : Chalets, chambres à l'auberge ou à la ferme, familles d'accueil ou camping.

Activités : Interprétation de la nature, baignade, équitation, jeux divers, pêche, bricolage.

Bas Saint-Laurent - Gaspésie

CVF Bourg-Brillant (Vallée de la Matapédia)

(418) 742-3366

Hébergement : 18 chalets totalisant 100 lits.

Activités : Visite au zoo, activités nautiques, stage de micro-informatique, visite touristique, pièces de théâtre, astronomie, feux de camp.

LISTE DES BUREAUX RÉGIONAUX D'INFORMATIONS TOURISTIQUES

(Par ordre alphabétique des régions) ·

ABITIBI-TÉMISCAMINGUE	ATR de l'Abitibi-Témiscamingue 212, avenue du Lac Rouyn-Noranda (Qc) J9X 4N7 (819) 762-8181
BAS SAINT-LAURENT	ATR du Bas St-Laurent 506, Lafontaine Rivière-du-Loup (Qc) G5R 3C4 (418) 867-1272
CHARLEVOIX	ATR de Charlevoix C.P. 417 La Malbaie (Qc) G0T 1J0 (418) 665-4454
COEUR-DU-QUÉBEC	ATR Coeur-du-Québec 197, Bonaventure Trois-Rivières (Qc) G9A 5M4 (819) 375-1222
DUPLESSIS	ATR de Duplessis 865, Boul. Laure Sept-Iles (Qc) G4R 1Y6 (418) 962-0808
ESTRIE	ATR de l'Estrie 2883, King ouest Sherbrooke (Qc) J1L 1C6 (819) 566-7404
GASPÉSIE	ATR de la Gaspésie 357, route de la mer Sainte-Flavie (Qc) G0J 2L0 (418) 775-2223
ÎLES-DE-LA-MADELEINE	ATR Iles-de-la-Madeleine C.P. 1028 Cap-aux-Meules (Qc) G0B 1B0 (418) 986-5462
LANAUDIÈRE	ATR de Lanaudière C.P. 1210 Rawdon (Qc) J0K 1S0 (514) 834-2535
LAURENTIDES	ATR des Laurentides 14 142, de la Chapelle Saint-Jérôme (Qc) J7Z 5T4 (514) 436-8532

MANICOUAGAN	ATR Manicouagan 872, rue Puyjalon Baie-Comeau (Qc) G5C 2T1 (418) 589-4771
MONTÉRÉGIE	ATR de la Montérigie 1566, rue Bourgogne Chambly (Qc) J3L 1Y7 (514) 658-4232
MONTRÉAL	Office des congrès et du tourisme C.P. 889 Montréal (Qc) H5A 1E6 (514) 871-1129
OUTAOUAIS	ATR de l'Outaouais 25, Laurier Hull (Qc) J8X 3Z2 (819) 778-2222
PAYS-DE-L'ÉRABLE	ATR du Pays-de-l'Érable 800, Autoroute 20 Bernières (Qc) G0S 1C0 (418) 831-4411
QUÉBEC	Office du tourisme et des congrès 60, D'Auteuil Québec (Qc) G1R 4C4 (418) 692-2471
SAGUENAY — LAC-SAINT-JEAN	ATR Saguenay — Lac-St-Jean 198, rue Racine est Chicoutimi (Qc) G7H 1R9 (418) 543-9778

CHOISIR LES BONNES JUMELLES

Pourquoi une annexe sur les jumelles? Parce qu'il s'agit probablement de l'élément le plus important de votre trousse du parfait petit naturaliste. Grâce à elles, on peut voir plus de choses, mieux voir, et apprécier le vivant à sa juste valeur. Comme pour beaucoup d'articles, on achète des jumelles après les avoir essayées. Le choix est grand et les prix conviennent à toutes les bourses.

Critères à respecter pour faire un bon choix

Leur construction est dite monobloc, c'est-à-dire que le boîtier est d'une seule pièce. De plus, le rapport du diamètre en millimètres de l'objectif sur le grossissement équivaut au minimum à 5 (jumelles ordinaires, excluant les jumelles compactes);

exemple: pour des jumelles 7 X 35mm, le diamètre de 35mm divisé par le grossissement qui est de 7 donne un rapport de 5.

Le minimum de grossissement est de 7 et le maximum, si on les utilise sans trépied, est de 10. Leur poids n'est pas un handicap; on doit pouvoir les porter deux ou trois heures sans problème. Les lentilles sont traitées («Coated» ou «Coated optics»). L'appareil est à prisme.

Questions à se poser

L'ajustement est-il trop serré ou trop fragile?
Les lentilles sont-elles égratignées?
La lunette se referme-t-elle suffisamment pour obtenir une image simple et nette?
Est-on capable d'obtenir une image claire d'un objet placé à six mètres?

Les conseils des spécialistes

Plusieurs observateurs avertis ont les préférences suivantes. Les jumelles à tout faire devraient être des 8 X 40, coûtant entre 100 $ et 200 $. Leur poids ne devrait pas dépasser 350 grammes. Elles devraient être vendues accompagnées d'une garantie à vie de la part du fabricant. Elles possèdent une vis universelle pour être fixée, au besoin, sur un trépied.

Des jumelles 7 X 35 coûtant entre 75 $ et 150 $ et possédant les qualités mentionnées plus haut représentent un honnête compromis. Les jumelles de haut de gamme sont compactes, 8 X 36 ou l'équivalent, de construction robuste et coûtent au minimum 300 $. Les modèles comportant un rembourrage en caoutchouc antichocs et un dispositif à focalisation progressive (zoom) sont à éviter. Ces raffinements alourdissent les jumelles et sont sujets à des ennuis plus fréquents. Les jumelles à grand angulaire ne sont pas considérées comme meilleures ou moins bonnes. Les avis sont partagés à leur sujet.

Index

Notes

Notes

Notes

Notes

Achevé d'imprimer
à Montréal
le 2 mai 1988
sur les presses de
l'Imprimerie Jacques-Cartier Inc.